Angelika Aliti
Die Sau ruft

Angelika Aliti

Die Sau ruft

Offensive Krimi

Frauenoffensive

Alle Personen und Situationen sind frei erfunden. Ähnlichkeiten mit wahren Begebenheiten und realen Personen sind rein zufällig und nicht beabsichtigt. Ich habe mich bemüht, meinen Personen regionaltypische Namen zu geben. Übereinstimmungen mit real existierenden NamensträgerInnen sind ebenfalls rein zufällig.

1. Auflage, 1997
© Verlag Frauenoffensive, 1997
(Knollerstr. 3, 80802 München)

ISBN 3-88104-297-0

Druck: Clausen & Bosse, Leck
Umschlaggestaltung: Erasmi & Stein, München

Dies Buch ist gedruckt auf Papier aus chlorfrei gebleichtem Zellstoff.

Die Personen

Die Schwarze Witwe
Nina, die Hausamazone
Sabine, das Heimkind
die verrückte Frieda

und

Alois Leopolter .... Medizinalrat
Josef Hirschmann .... Pensionär
Notburga Würzl .... Hirschmanns Verlobte
Irmgard Raffertzeder ...... Hirschmanns Schwägerin
Buchner .... Bauer
Willibald Winterbauer .... Tierarzt
Keuch .... Revierinspektor
Kasparnaze Bierbichler .... Bürgermeister
Helmuth Fidelsberger .... Krankenhausarzt
Tatjana Lang .... Tierschutzinspektorin
Marianne Barthauptl .... Sozialarbeiterin

und viele andere

1

Alles, was sie trug, wie sie da vor dem Maisfeld stand, waren ein schwarzes Spitzenhöschen und Tennisschuhe. Ihre Brüste leuchteten noch winterweiß in der ungewohnten Sonne. Auch ihre Lenden, die früher wohl mal schlanker gewesen waren, hatten dies fahle Weiß, wie es nur ein Lebewesen hervorbringt, das dem Besuch eines Sonnenstudios keinen Lustgewinn entnehmen kann.

„Klasse", rief sie. „Keine Sau weit und breit."

In der Hand hielt sie eine Hundeleine, an deren anderem Ende sich ihre alte Hündin befand, weil diese in fremden Umgebungen dazu neigte, verloren zu gehen.

„Schau mal, Nina", rief sie nun. „Ein Käfer!" Sie beugte ihren mit dunklen Locken bedeckten Kopf dicht über den Erdboden. Die Spitzen ihrer Brüste zeigten ohne Umweg direkt auf den Mittelpunkt der Erde.

Die zum Hinsehen aufgeforderte Nina versuchte noch, ihr ein Zeichen zu geben, aber es war zu spät. Ein bäuerliches Ehepaar älteren Jahrgangs, wenn nicht schon fast in der Versteinerung angelangt und offensichtlich auf dem Heimweg von der Kirche, trampelte den Weg herunter, starrte im zeitlupengleich verlangsamten Gang verdattert auf die halbnackte Mittvierzigerin, die ebenso verdattert zurückstarrte. Die Hündin bellte.

„Hey, das ist hier ein Privatweg", murmelte sie lahm.

So begann das seltsam abenteuerliche Landleben der Schwarzen Witwe.

Keine sechs Monate später lag die alte Hirschmann mit dem Gesicht nach unten tot im knöchelflachen Gemeindebach, und die Schwarze Witwe hatte gleich das Gefühl, daß da etwas nicht stimmte. Nach allem, was sie durch den Dorfklatsch in Erfahrung bringen konnte, hatte die unglückliche Hirschmann zwei Wochen zuvor einen leichten Schlaganfall erlitten. Kaum war sie aus dem Krankenhaus nach Hause zurückgekehrt, sollte sie sich in einem Anfall von Depression im fünfzehn Zentimeter tiefen Wasser ertränkt haben.

„Das glaube ich einfach nicht", zweifelte die Schwarze Witwe.

„Laß doch die Leute in Ruhe. Was geht das uns an?" versuchte Nina sie zu bremsen.

„Ich meine ja nur", konterte die Schwarze. „Soweit ich gehört habe, soll ihr Mann was mit der Würzl gehabt haben. Aber ob sie sich deshalb gleich umgebracht hat?"

„Mit der Würzl hat das halbe Dorf was gehabt. Und die Frauen von denen leben alle noch", sagte Nina.

„Ich weiß nicht, Nina", erwiderte die Schwarze. „Jedenfalls machte mir die Frau im Sommer beim Maisfeld gleich so einen unglücklichen Eindruck."

„Im Sommer hatte die alte Hirschmann eine Erscheinung, die nichts als ein schwarzes Spitzenunterhöschen trug." Nina grinste. „Sowas hatte die bestimmt noch nie zuvor in ihrem Leben gesehen. Kein Wunder, daß die damals total fertig ausgesehen hat."

Die Schwarze Witwe zog unmerklich den Bauch ein.

„Vielleicht waren die Medikamente schuld", fuhr Nina fort. „Du weißt selbst, welche verheerenden Nebenwirkungen dieses ganze Chemiezeug hat."

„Kann schon sein, aber weißt du, was dazu gehört, sich in zwei Handbreit flachem Wasser zu ertränken? Das ist fast so unmöglich, wie die Luft anzuhalten, bis du erstickst."

„Die Frau war siebenundsechzig Jahre alt. Da kann der Tod schon mal an die Tür klopfen."

„So etwas kann auch nur eine Frau sagen, die noch nicht in ihren Dreißigern angekommen ist", wies die Witwe sie zurecht. „Außerdem darf ich dich daran erinnern, daß die

Frau ertrunken ist. Das ist keine Frage des Alters. Ertrunken im Gemeindebach. Der ist so flach, daß nicht einmal eine Dorfratte darin untergeht, falls sie sich ertränken wollte." Auf ihrem Gesicht machte sich ein Anflug von Entschlossenheit breit. „Wir sollten uns um die Sache kümmern."

„Wir könnten ja eine neue Selbsthilfegruppe für unglücklich verheiratete Frauen auf dem Lande gründen", schlug ihre Lebensgefährtin Nina Lauffen vor und spielte damit auf eine Epoche im Leben der Schwarzen Witwe an, als diese noch ehemüde und ausstiegswillige Gattinnen psychologisch beriet, was ihr seinerzeit den markant makabren Spitznamen eingebracht hatte.

Inzwischen war ihr der Name zur zweiten Haut geworden, so daß niemand mehr ihren wahren Namen kannte. Sogar postalisch war sie als Schwarze Witwe erfaßt und erreichbar. Es wurde gemunkelt, daß sie in jungen Jahren ihren Namen durch zahlreiche Eheschließungen häufig gewechselt habe und nun selber kaum noch wüßte, wie sie hieß.

„Ach ja, die Friedhofspatzen", lächelte die Witwe und erinnerte sich an eine Gruppe ehrbarer Wiener Ehefrauen, die sich heimlich abgesprochen hatten, ihren nicht mehr ganz gesunden Ehemännern durch kleine Aktionen, und manchmal auch durch das gezielte Unterlassen solcher, den Weg heim zum Herrn ein wenig abzukürzen. „Wenn Elfie nicht den Inhalationsapparat ihres asthmakranken Mannes zwischen dem Weihnachtsschmuck versteckt hätte und wir uns nicht den Stern für die Christbaumspitze ausgeliehen hätten, wären wir ihnen nie draufgekommen."

Nina lachte.

Nina war eine junge Frau, die nur ein einziges Mal in ihrem Leben ein Kleid getragen hatte, und zwar zu ihrer Firmung. Jede unvoreingenommene BetrachterIn hätte ihr eher eine Harley Davidson zugetraut als einen Kinderwagen. Doch weder Zweirad noch Kinderwagen ließen Ninas Herz höher schlagen. Ihr ganzer Stolz war ein Werkzeugkasten, so groß wie ein Kinderwagen für Zwillinge.

Vor einigen Jahren war sie der Schwarzen Witwe in die Praxis geschneit, weil sie von seltsamen Wahnvorstellungen geplagt wurde, die ihr Angst machten und für die sie keine Erklärung fand, außer daß sie sich am Beginn einer psychischen Erkrankung befände.

Die Wahnvorstellungen stellten sich als Fähigkeit zum Hellsehen heraus. Und Nina übersiedelte als Hausamazone der Schwarzen Witwe in deren Bett, an deren Tisch und überhaupt an ihre Seite. Seitdem war ihre Fähigkeit, Bilder von Ereignissen wahrzunehmen, die noch gar nicht geschehen waren, ein hilfreiches Instrument in vielen Situationen, in die die Schwarze Witwe geriet – die sie vielmehr geradezu magisch anzuziehen schien.

Und nun ließ der rätselhafte Tod der alten Hirschmann den beiden nicht die Ruhe, die sie eigentlich mit ihrem neuen Landleben zu finden gehofft hatten. Sie standen auf ihrem Hof, der sich auf einem kleinen Berg hoch über dem Dorf erhob, und blickten der Trauerprozession nach, die sich ameisenklein aus dem Dorf Richtung Friedhof wand.

„Schau sie dir an, Nina", bemerkte die Schwarze Witwe nachdenklich in die herbstliche Sonne. „Da laufen sie nun alle mit traurigen Gesichtern hinter dem Sarg her, und einer von ihnen hat die alte Hirschmann umgebracht."

„Wenn auf den Friedhöfen an jedem Grab eines unerkannten Mordopfers eine Kerze brennen würde, hätten wir dort ganze Lichtermeere", erwiderte Nina.

„Und auf den meisten dieser Grabsteine mit einem brennenden Licht stünden Frauennamen", ergänzte die Schwarze Witwe und spuckte aus.

Nina nickte. „Was geht uns das an?" bekräftigte sie noch einmal. Aber es klang irgendwie schlaff, ohne innere Überzeugung. Ihr Blick war wie abwesend, als horchte sie in sich hinein.

„Ach, was soll's, ich bin auf der Welt, um mich einzumischen", rief die Schwarze Witwe. „Komm, Nina, den finden wir, der die Hirschmann um die Ecke gebracht hat."

Nina blickte sie liebevoll an und und schüttelte lächelnd den Kopf.

„Und wie willst du das machen?" fragte sie. „Die Leute hier rennen sofort ins Haus und verstecken sich schreiend unterm Bett, wenn wir auftauchen."

Sie waren Fremde in dieser Einöde, und Fremde würden sie bleiben. Der Menschenschlag, der im äußersten südöstlichen Zipfel der Steiermark siedelte, war mit keinem vergleichbar, die die beiden bisher kennengelernt hatten. Selbst Kaufanliegen in Geschäften jederlei Art wurden zuerst einmal mit einem entschiedenen „Nein" beschieden. Es konnte eine Weile dauern, bis ein südoststeirischer Kaufmann seine Ware herausrückte. Wie überall in ländlichen Gebieten war städtische Direktheit als Problemlösung völlig unbekannt. Dagegen waren sie Meister der heimtückischen Intrige.

„Vornherum machen sie ein blödes Gesicht, und hintenherum hetzen sie dir die Polizei auf den Hals", pflegte die Witwe zu sagen.

„Zweitausend Jahre katholische Kirche, meine Liebe", pflegte Nina zu erwidern. „Da können wir nicht mithalten."

Eigenbrötler waren sie, die es kaum über sich brachten, mit anderen Menschen zusammen ein Dorf, eine Gemeinde zu bilden. Auf jedem Hügel klebte ein Hof. Und jeder Hof hielt großen Abstand zum Nachbarhof.

Anfangs hatten die beiden Frauen angenommen, daß sie gar keine Nachbarn hätten. Alles sah so aus, wie sie sich die Wildnis, soweit dies in Europa möglich war, vorgestellt hatten. Über kurz oder lang zeigte es sich jedoch, daß hinter dem Wald nicht die Feen, sondern das ganz alltägliche dumpfe Grauen wohnte.

„Sag mal, Nina." Die Witwe blickte versonnen über die Hügelketten. „Wenn alle auf dem Friedhof sind, dann ist doch niemand im Dorf, oder?"

„Mmh", brummte Nina.

„Stimmt es, daß Bauernhäuser nie zugesperrt sind?" fragte die Witwe weiter.

„Schatz, schlag dir das aus dem Kopf", wehrte Nina ab. „Das ist Hausfriedensbruch. Oder sogar Einbruch. Laß es."

Schatz sagte sie immer, wenn sie sich unbedingt durchsetzen wollte. Aber Schatz hatte irgendwie Witterung aufgenommen und ließ sich kaum noch aufhalten.

„Welches Haus gehört eigentlich den Hirschmanns?" Sie suchte schon nach den festen Wanderschuhen.

„Das letzte Haus am nördlichen Dorfausgang."

„Du solltest Landkarten malen, meine Liebe", murmelte die Witwe. „Sowas von einer Beschreibung."

„Was suchst du eigentlich?"

„Keine Ahnung. Ich will mich nur mal umsehen."

„Du weißt, ich vertrage solche Aktionen nicht. Meine Hände sind jetzt schon kalt und naß wie tote Makrelen."

„Uns kann gar nichts passieren. Wenn wir erwischt werden, sagen wir einfach, wir wären kondolieren gekommen", beruhigte sie die Witwe. „Außerdem weiß eine Niederösterreicherin wie du überhaupt nicht, wie sich eine tote Makrele anfühlt."

2

Nina fiel beinahe ungebremst in einen tiefen, schwarzen Schacht, den Mund zum Schreien weit aufgerissen, doch kein Ton kam aus ihrer Kehle. Im Stürzen flogen ihr Bilder entgegen. Sie sauste durch sie hindurch wie durch einen dreidimensionalen Film, zitterte vor Kälte und vor Angst, bis sie tief ins Wasser tauchte und alles sich auflöste. Als sie wieder bei Bewußtsein war, blieb ihr eine tiefe Traurigkeit. Sie setzte sich auf und wischte sich das Laub von der Hose.

„Du warst ganz schön lange ohnmächtig", bemerkte die Schwarze Witwe leise. „Konntest du etwas erkennen?"

Nina fiel es sichtlich schwer, zu sprechen. Sie bewegte die Lippen, wie um auszuprobieren, ob sie sich noch bewegen ließen.

„Da waren so Bilder", sagte sie.

„Was für Bilder?"

„Ich fiel, und mir flogen die Gesichter von Menschen entgegen, die mir etwas sagen wollten, glaube ich."

„Kanntest du diese Menschen?"

„Ich nicht. Aber die Person, die ich in dem Augenblick war, als ich ins Schwarze stürzte."

„Hast du verstanden, was sie dir sagen wollten?"

Nina schüttelte den Kopf.

„Wer warst du?"

„Ich weiß es nicht", seufzte Nina. „Aber besonders wohl hat sich diese Person nicht gefühlt."

Einige Sonnenstrahlen brachen durch die lichten Kronen der Bäume. Zwischen den Bäumen war der Himmel blutrot und golden gefärbt. Der Gemeindebach war an dieser Stelle für ein kurzes Stück von Wald umgeben.

„Sag mal, hast du nicht auch manchmal das Gefühl, daß der Wald tausend Augen hat und uns beobachtet", fragte die Witwe und schaute hinter sich.

„Manchmal ja", erwiderte Nina. „Aber ich glaube auch, daß im Wald die Geister und Feen ganz nah sind. Die beobachten uns."

„Du mit deinen Geistern. Aber vielleicht hast du recht."

Es fiel der Schwarzen Witwe schwer, die innere Welt ihrer Freundin zu verstehen. Nina lebte, als gäbe es tatsächlich Feen, Elfen und Kobolde. *Wer weiß,* dachte sie. *Vielleicht leben sie ja wirklich. Meine Zweifel bedeuten vielleicht nichts anderes als Angst vor dem Unbekannten. Vielleicht habe ich ja auch Angst vor dem Verrücktwerden. Nicht umsonst bin ich Psychotherapeutin geworden.* Nachdenklich sah sie ihre Gefährtin mit den sonderbaren Begabungen an.

„Nicht immer", flüsterte Nina mit beinahe unbewegten Lippen. „Dreh dich jetzt bitte nicht um."

Die Witwe erstarrte in der eben begonnenen reflexartigen Bewegung, sich umzudrehen. „Was ist los?" flüsterte sie.

„Da hinten hinter einer dicken Buche steht jemand", flüsterte Nina zurück und schaute betont verloren ins Nichts.

„Machst du Witze?"

„Bestimmt nicht. Wenn ich richtig gesehen habe, ist es eine alte Frau."

„Kannst du sonst nichts erkennen?"

„Sie trägt einen rostroten Rock. Oder Kleid", ergänzte sie.

„Sonst noch was?" Es war der Witwe anzusehen, daß es sie ihre gesamte Fähigkeit zur Disziplin kostete, sich nicht umzuschauen. „So ungefähr muß es Frau Lot gegangen sein", murmelte sie.

Über ihnen flogen einige Krähen dahin. Die Schwarze Witwe sah vorsichtshalber auch nicht nach oben.

„Meine Beine schlafen ein", flüsterte sie. „Ist sie noch da?"

Wie zufällig ließ Nina ihren Blick zu der Buche schweifen, hinter der die Frau sich versteckt hatte.

„Ach, ich glaube, jetzt ist sie fort."

Die Schwarze Witwe sprang ungeachtet ihrer Jahre wie ein Blitz auf und rannte los.

„Schatz, hör auf, du findest sie nicht mehr."

Die Witwe blieb keuchend stehen. „Was wollte sie hier?"

„Was weiß ich. Pilze suchen", schlug Nina vor.

„Pilze? Außer Herbsttrompeten gibt es jetzt im November nichts. Und die haben wir schon alle gesammelt."

„Vielleicht ist sie spazierengegangen."

„Bauern gehen wochentags nicht spazieren. Und Touristen gibt es hier nicht."

„Jedenfalls kann es keine Freundin der Hirschmanns gewesen sein, sonst wäre sie auf dem Friedhof."

„Komm, Nina, laß uns das Hirschmann-Haus suchen, bevor alle aus der Kirche zurück sind."

Die Witwe rannte den Berg hinunter in Richtung des Dorfes.

Nina sauste hinterher.

Sie verließen den Wald und gelangten ins Dorf, das keinen Krämer und auch keinen Gasthof hatte. Es gab einzig eine Kapelle, heruntergekommen und so klein, daß nicht einmal die hundert Dorfbewohner darin Platz hatten.

Das Hirschmann-Anwesen war eines der wenigen Häuser, die nicht zu einem Bauernhof gehörten. Gepflegt, schmuck und zeitlos wie eine Vorstadtvilla stand es ein wenig unpassend zwischen den bäuerlichen Zweckbauten wie eine frisch frisierte Pudeldame zwischen Dorfkötern.

Die beiden Frauen standen betont absichtslos vor der Eingangstür herum und blickten sich unauffällig um.

„Nicht schlecht, wie die wohnen, was?" meinte Nina.

„Was ist der alte Hirschmann eigentlich von Beruf, daß er sich so ein Haus leisten kann?" fragte die Witwe.

„Soweit ich weiß, war er vor seiner Pensionierung in Feldbach irgendein C-Beamter bei der Bezirkshauptmannschaft."

„Woher weißt du das?"

„Von der Würzl", sagte Nina.

„Die Würzl ist eine lebende Zeitung", sagte die Witwe. „Also wenn der nicht geerbt hat, dann kann er nie im Leben soviel Geld aufgebracht haben. Schau dir nur die Türgriffe an. Das ist teuerstes Design."

Sie drückte den Türgriff nach unten und öffnete vorsichtig. Im diffusen Licht der Diele sah sie auf einen schweren antiken Schrank und Türen, die alle halbgeöffnet waren.

„Schatz, laß es", preßte Nina zwischen den Zähnen hervor.

„Ach was!" sagte die Witwe ein wenig zu laut. „Los, komm, du Fürchtefisch."

Nina seufzte. Dann gab sie sich einen Ruck und schlüpfte ihr nach durch die Tür, denn allein draußen stehenzubleiben, wäre für ihre Nerven noch ruinöser gewesen, als der Witwe in das unbekannte Haus zu folgen.

„Na, siehst du", sagte die Witwe. „Wie ich es mir gedacht habe. Keine Sau weit und breit."

Die Blässe auf Ninas Gesicht zeigte, daß sie sich am Rande des für sie noch Erträglichen bewegte.

„Hallo, ist da jemand?" rief die Witwe.

Nina zuckte zusammen. Ihre Hände zitterten. „Bist du wahnsinnig?" flüsterte sie. „Was schreist du denn so. Mich hat fast der Schlag getroffen."

„Besser nicht", sagte die Witwe. „Denk dran, was der alten Hirschmann passiert ist. Ist doch besser, wir machen uns bemerkbar, falls jemand da ist. Wir sind doch keine Einbrecherinnen."

Sie fing sich einen vernichtenden Blick ein. Schwungvoll öffnete sie die erstbeste Tür und sah, daß sie in die Wohnküche führte. Auch die Küche stammte offensichtlich aus der obersten Preisklasse der etwas besseren Einrichtungshäuser.

Nina stieß einen leisen Pfiff aus. „So eine Küche wollte ich immer mal haben", sagte sie anerkennend neidisch. „Woher hat der nur das Geld dafür?"

„Das können wir wohl für festgestellt nehmen: Hier stimmt was nicht." Die Schwarze Witwe drehte sich zum Fenster. „Ein kleiner C-Beamter in der tiefsten Provinz hinter den sieben Bergen und baut sich so einen Luxuskasten zwischen Schweinesilos und Kuhställen, das geht nicht mit..."

Von draußen starrte sie ein Frauengesicht an – den Mund weit geöffnet, mit wildem, verbrennend wildem Blick unter grauen ungekämmten Haaren.

Fassungslos brach die Witwe mitten im Satz ab.

Auch Nina hatte die Frau im Fenster entdeckt.

„Wer ist das denn?" fragte die Witwe und erstarrte in ihrer Bewegung wie vorhin im Wald.

Nina hob die Schultern. „Keine Ahnung. Aber warum sehen wir nicht nach?" Sie war froh, das fremde Haus wieder verlassen zu können.

Die Frauen rannten aus der Küche nach draußen. Als sie um die Ecke kamen, war niemand mehr zu sehen. Die Frau war verschwunden.

Die zertrampelten Ziergräser unter dem Küchenfenster

bewiesen ihnen wenigstens, daß es sich um ein echtes menschliches Wesen und nicht um einen von Ninas Geistern gehandelt hatte.

„Ich hatte schon geglaubt, die alte Hirschmann findet keine Ruhe und geht um", sagte die Witwe. Es klang ein wenig zu forsch und witzig.

„Du brauchst vor den Geistern keine Angst zu haben", beruhigte sie Nina.

„Wer hat denn Angst vor Geistern? Ich doch nicht", widersprach die Witwe.

„Ist schon gut, meine Alte", meinte Nina und tätschelte ihr den Hintern. Sie erntete einen Knuff in die Rippen.

„Dies jedenfalls war eine sehr wirkliche Frau. Ich frage mich nur, wer sie war."

Sie standen wieder vor der Eingangstür des Hirschmann-Hauses.

„Sollen wir noch einmal hineingehen?" fragte die Witwe.

„Lieber nicht", sagte Nina. „Meine Nerven vertragen so etwas wirklich nicht gut."

„Ist vielleicht auch besser", gab die Witwe zu. „Sieht aus, als würden wir beobachtet." Sie wies auf den gegenüberliegenden Hof. „Da. Im Schweinestall bewegt sich etwas."

Im Schweinestall des Buchner-Hofs öffnete sich eine Tür, und eine junge Frau trat ins Freie. Sie trug ein Kopftuch über ihren blonden langen Haaren und hatte ein trauriges Gesicht mit verweinten Augen. Konsterniert blieb sie stehen und sah zu den beiden Frauen vor dem Hirschmann-Haus hinüber.

„Und wer ist das nun wieder?" fragte die Witwe.

„Keine Ahnung", wiederholte sich Nina. „Wir sind mal wieder die unwissenden Städterinnen, wie?"

Die Schwarze Witwe war auf einmal gar nicht mehr so forsch wie vor dem Betreten des Hirschmann-Hauses. Sie war nicht unbedingt das, was man schüchtern nennt, dennoch überkam sie in manchen Situationen eine gewisse Menschenscheu, die Nina nicht ganz verstand. Dann reagierte diese gestandene Frau wie ein kleines verschrecktes Mädchen.

„Hoffentlich hat sie uns nicht gesehen", sagte sie.

„Natürlich hat sie uns gesehen", erwiderte Nina. „Was ist denn auf einmal los mit dir?"

„Und was sagen wir ihr?" fragte die Witwe unsicher.

„Laß mich mal machen.", sagte Nina. „Du bleibst hier stehen, bis ich wieder da bin."

Staunend sah die Schwarze Witwe ihrer Hausamazone nach, die sich langsam, aber zügig auf die junge Bauersfrau zubewegte, und fühlte ihre Selbstsicherheit zurückkehren.

Sie schätzte die junge Frau auf höchstens zwanzig Jahre und registrierte nachdenklich die leichte Ängstlichkeit auf ihrem Gesicht. Nun war sie wieder die clevere Therapeutin, bekannt dafür, daß ihr keine Nuance einer Gefühlsregung ihres Gegenübers entging. Aufmerksam beobachtete sie, was auf der anderen Seite der Dorfstraße geschah.

Nina redete freundlich auf die Bäuerin ein, und langsam entspannten sich deren Gesichtszüge. Sie schien zu antworten, und Nina ging offenbar dazu über, ihre Verführerinnenhaltung einzunehmen. Lässig lehnte sie an der Wand des Schweinestalls und funkelte geradezu in ihrer Konzentration auf die junge Frau.

Die Schwarze Witwe forschte in ihrem Inneren nach Gefühlsreaktionen, die sie in jungen Jahren bis zum Überdruß produziert hatte. Aber so sehr sie auch suchte, sie konnte keine Eifersucht entwickeln. Ein wenig Wehmut empfand sie vielleicht, eine leise Traurigkeit. Sie sah die beiden jungen Frauen im Sonnenschein des Spätherbstes miteinander reden, und für einen Augenblick war eine Gemeinsamkeit zwischen ihnen, von der die Schwarze Witwe sich ausgeschlossen fühlte. Sie lächelte wehmütig, als Nina der jungen Bäuerin auf die Nasenspitze tippte.

Als die Hausamazone zu ihr zurückschlenderte, hatte sie einen ausgesprochen zufriedenen Ausdruck – wie eine Katze, die wußte, wo die fettesten Mäuse zu finden waren.

„Komm", sagte sie. „Wir gehen nach Hause."
„Sag schon, was war denn?" wollte die Witwe wissen.
„Später, zu Hause, nicht hier."
„Jetzt sag schon."
„Später, hab' ich gesagt."
„Ich hasse dich", rief die Witwe. „Ich hasse dich und deine Geheimniskrämerei."
Nina grinste und stieg langsam den Berg hinauf.
„Nina", brüllte die Witwe und wurde immer wütender. „Du kannst heute auf dem Sofa schlafen!"
Aber Nina entschwand ihren Blicken. Es blieb ihr nichts anders übrig, als ihr nachzueilen.

3

Revierinspektor Keuch schob seine häßliche randlose Brille vor den ebenso kalt wie dumm dreinblickenden Augen zurecht und musterte unwillig die kleine dunkelhaarige Frau, die soeben seine Amtsstube betreten hatte und ihn davon abhielt, in seine Wurstsemmel zu beißen.

„Guten Morgen", sagte sie, und das verhieß nichts Gutes, denn nur eine Fremde sagte Guten Morgen anstatt Grüß Gott, und eine Fremde bedeutete, daß das diensthabende Organ sich um etwas Außergewöhnliches kümmern mußte, und das haßte es wie sonst nichts auf der Welt. Und alle Welt wußte, daß Revierinspektor Keuch vieles haßte.

Er legte die Wurstsemmel ins Papier zurück. „Was gibt's?" schnarrte er.

„Ist Ihr Chef da?" gab die Schwarze Witwe zurück.

Keuch starrte sie fassungslos an. Die Frau benahm sich, als ob der Gendarmerieposten ihr gehörte. Sie knallte ihre schwarzen Lederhandschuhe auf den Tresen und wippte herausfordernd auf den hohen Absätzen ihrer Stöckelschuhe. Er konnte es nicht glauben. Er war der mächtige Keuch. Sie war nur eine grundsätzlich Verdächtige. Ein Haßobjekt. Und vor allem: Sie war eine Frau. Ein Wurm, der sich vor ihm im Staub zu winden, ihn gnädig zu stimmen hatte. Er vergaß zu antworten.

„Na, was ist?" setzte die Witwe nach. „Bin ich irgendwo schwarz im Gesicht? Oder was glotzen Sie so?" Sie beugte sich über den Tresen, wozu sie dank ihrer Stöckelschuhe fähig war, und näherte sich seinem Gesicht über den für jeden Menschen notwendigen Sicherheitsabstand von einem halben Meter hinaus.

Keuch lief rot an. Seine Hände zerknüllten das Wurstsemmelpapier. Er öffnete den Mund, ohne etwas zu sagen. Er saß vor den Trümmern seines Weltbildes, das diese Frau mit ein paar Worten zum Einstürzen gebracht hatte. Seine kalten Augen blickten tückisch. „Was gibt's?" fragte er noch einmal.

„Ich möchte Ihren Vorgesetzten sprechen." Die Schwarze Witwe bemühte sich um rudimentäre Reste von Freundlichkeit. Ihre Abneigung gegen die Polizei hatte sie aus den alten Tagen der Studentenrevolte in den sechziger Jahren beibehalten. Sie hatte immer wieder dagegen gekämpft, aber es war stärker als sie. Wie ein Treppenterrier auf den Briefträger reagierte sie mit wütender Beißlust, sobald sie sich einem Uniformträger gegenübersah.

„Chef gibt's keinen", antwortete Keuch knapp.

„Ich brauche eine Auskunft", sagte die Witwe.

„Wer braucht eine Auskunft?" wollte Keuch wissen.

Die Witwe holte Luft, wie wenn sie sich vor dem Sprung in ein Jauchebecken noch einmal sammelte, und erklärte dem diensthabenden Organ umständlich, wer sie sei und wo sie wohne.

„Und als Nachbarin der Hirschmanns hätte ich gern gewußt, woran Frau Hirschmann eigentlich gestorben ist."

„Woher soll ich das wissen?" brummte Keuch.

„Ist denn keine Obduktion gemacht worden?" fragte die

Witwe überrascht. „Die Frau ist doch immerhin unter merkwürdigen Umständen tot aufgefunden worden."

Keuch machte ein Gesicht, als hätte sie ihn nach seinen sexuellen Gewohnheiten gefragt. „Merkwürdige Umstände?" wiederholte er und sprach die beiden Worte aus, als wäre es Südchinesisch. Es war klar, er hatte nicht im mindesten eine Vorstellung, worum es der Schwarzen Witwe ging.

„Hat die Polizei die Todesumstände der Frau Hirschmann untersucht oder nicht?" insistierte sie.

Keuch schüttelte den Kopf.

„Dacht' ich's mir doch", funkelte ihn die Witwe feindselig an. „Ich glaube nicht, daß das der Vorschrift entspricht."

Keuch wich mit dem Oberkörper leicht zurück. Es schien für ihn endgültig festzustehen: Er befand sich in einem schlechten Traum. Da stand ein Nichts vor ihm und stellte die Welt auf den Kopf. Nicht der Vorschrift entspricht, sagte sie. Er war es, der festzustellen hatte, wenn etwas nicht der Vorschrift entsprach. In seinem Leben entsprach alles der Vorschrift. Er war Keuch. Revierinspektor Keuch. Der Keuch, der sogar seinem Bürgermeister den Führerschein abgenommen hatte, als der leicht angeheitert die hundert Meter vom Gemeindehaus bis zum nächsten Gasthof fahren wollte.

Er blickte aus dem Fenster auf den gelben Nissan, in dem Nina Lauffen wartete. „Gehört der Wagen Ihnen?" fragte er.

Irritiert folgte die Witwe seinem Blick. „Was? Welcher Wagen? Ach der. Ja sicher. Stimmt was damit nicht?"

Keuchs Mundwinkel zuckten. „Sie wohnen doch hier in St. Stefan, nicht wahr?" vergewisserte er sich.

Die Schwarze Witwe nickte. „Seit beinahe einem Jahr. Nicht direkt in St. Stefan. Aber unser Hof gehört zur Gemeinde." Sie war vollkommen arglos.

„Die Nummernschilder sind aber aus Niederösterreich", konterte Keuch und zückte schon seinen Block. „Das ist ein Verstoß gegen, äh, wo hab' ich denn bloß... Sie müssen das Fahrzeug an Ihrem Wohnort anmelden." Er war in seinem Element. „Das wird teuer."

„Der Wagen gehört mir aber nicht", schmetterte die Witwe ihn ab.

Nun wußte er schon wieder nicht weiter.

„Dieser Wagen, guter Mann, gehört der Mutter der Dame, die drin sitzt. Und die wohnt in Niederösterreich", setzte sie nach und hatte ein Gefühl, wie ein Torero es in der Minute vor dem Todesstoß haben mußte. „Aber wenn Sie uns anzeigen wollen, kann ich Sie nicht hindern." Sie erdolchte ihn noch einmal mit einem langen, verächtlichen Blick und verließ den Gendarmerieposten.

„Was für ein Arschloch", stieß sie hervor, als sie ins Auto stieg.

Nina startete den Wagen und fuhr los.

„Das ist der perfekte Mord", sinnierte die Witwe.

„Warum willst du den Typen denn gleich ermorden? Nur weil er ein Arschloch ist? Da müßtest du ja einen Mord nach dem anderen verüben, wenn du die alle auf diese Weise loswerden willst."

„Kein schlechter Vorschlag." Die Witwe lachte. „Aber ich habe eine perfekt funktionierende Tötungshemmung. Nein, ich meine etwas anderes. Ein perfekter Mord ist der, der als natürlicher Tod angesehen wird, so daß es gar nicht erst zu polizeilichen Untersuchungen kommt. Der Tod der alten Hirschmann ist von der Polizei nicht untersucht worden. Das ist doch ein perfekter Mord."

„Könnte ja auch ein natürlicher Tod gewesen sein", gab Nina noch einmal zu bedenken.

„Nina, falle mit deinen Argumenten nicht unter unser Intelligenzniveau", mahnte die Witwe. „Ertrunken im Gemeindebach ist kein natürlicher Tod."

„Geb' ich zu", gab Nina zu. „Aber wir werden als Außenstehende die Todesursache niemals in Erfahrung bringen."

„Die Todesursache kennen wir: ertrunken im Gemeindebach. Die Frage ist doch eher: Wieso ist sie in dem flachen Rinnsal ertrunken?"

„Nein", widersprach Nina. „Die Frage ist, ob sie wirklich

ertrunken ist. Sie kann auch einen zweiten Schlaganfall erlitten haben und ist dann tot in den Gemeindebach gefallen. Oder sie ist in den Gemeindebach gestürzt und hat dann einen Schlaganfall erlitten, an dem sie gestorben ist. Oder sie hat sich mit Schlaftabletten vergiftet und sich zur Sicherheit noch in den Gemeindebach gelegt. Die Todesursache ist uns vollkommen unbekannt, mein Schatz. Und nicht nur uns. Nur eine Obduktion hätte da Gewißheit gebracht. Aber eine Obduktion ist nicht erfolgt."

„Keine polizeiliche", korrigierte die Witwe. „Auch hast du zwei mögliche Todesursachen vergessen: Sie kann im Gemeindebach ertränkt worden sein, oder sie wurde vorher umgebracht und dann in den Gemeindebach gelegt."

„Woher nimmst du die Gewißheit, daß sie ermordet worden ist. Ist ein Unfall nicht wahrscheinlicher?" fragte Nina.

„Ich bin zwar nicht hellsichtig wie du, aber ich habe eine untrügliche Nase für psychisch unterirdische Situationen."

„Was sind psychisch unterirdische Situationen?"

„Das sind Situationen, die sich in der Intimsphäre entwickeln, im privaten Bereich, dort, wo kein Außenstehender Einblick hat und wo all das Üble zum Gären kommt, das unsere Gesellschaft so hervorbringt."

Nina sah sie von der Seite an. „Klingt widerlich."

„Ist auch widerlich", erklärte die Schwarze Witwe. „Im privaten Bereich der Familie spielen sich die widerlichsten Dinge ab. Ich habe im Lauf meiner psychotherapeutischen Tätigkeit so viele dadurch zerstörte Seelen erlebt. Ich habe von Dingen gehört, da würde sich dir der Magen umdrehen."

„Erzähl's mir lieber nicht", sagte Nina.

Sie lenkte den Wagen durch Wetzelsdorf und bog am Schlachthof nach Jagerberg ab.

„Wie kann man nur an einem so trostlosen Ort wohnen?" sagte Nina. „Spüren die denn nicht, daß das Elend und Leid der Tiere wie eine schwarze Wolke über dem Platz hängt?"

„Allein schon der Geruch", meinte die Witwe. „Irgendwie süßlich." Sie schüttelte sich. „Ekelhaft."

In Jagerberg hielt Nina vor dem einzigen Gasthof. „Laß uns was essen und in aller Ruhe nachdenken."

Sie öffneten die schwere dunkelgrüne Tür und betraten den kühlen, dunklen Vorraum. Linkerhand ging es in die hauseigene Fleischerei. In der Auslage leuchteten in allen Abstufungen der Farbe Rot unterschiedlich große Stücke Rind- und Schweinefleisch. Außer der Verkäuferin war niemand im Laden. Sie wandten sich nach rechts und betraten die Gaststube, die um diese Zeit auch noch leer war bis auf die obligaten zwei Alkoholiker, die auf diese Weise ihrer Steuerpflicht genügten.

Sie setzten sich an einen Tisch in der Ecke und sahen der Wirtin entgegen, die ihnen die Speisekarte brachte. Die Frauen vertieften sich in das Angebot.

„Ein Schnitzel wär's jetzt", sagte die Witwe. „Falls die hier gut kochen."

„Schau dir das an", meinte Nina versonnen. „Eine Vegetarierin müßte hier glatt verhungern. Nicht ein Gericht ohne Fleisch auf der Karte."

„So ist das nun mal auf dem Land. Viel und fett. Dann ist es gut."

„Entsprechend sehen die Leute auch aus."

„Also, was nimmst du?"

„Ich schwanke noch. Entweder Tafelspitz oder Schnitzel."

„Mmh, ich nehme, glaube ich, ein Cordon bleu."

„Zu schwer verdaulich."

„Und Pommes frites."

„Na Servus."

Als die Wirtin wieder am Tisch erschien, um die Bestellung aufzunehmen, rannte auf der anderen Straßenseite laut quietschend ein Schwein vorbei. Hinter ihm raste ein dicker Bauer her, in der einen Hand einen großen schwarzen Plastikeimer, in der anderen Hand ein langes Messer. Beide Frauen schauten, staunten, konnten es kaum glauben. Der Bauer hatte das Schwein in die Ecke getrieben und stülpte ihm den Eimer über den Kopf.

„Was darf's sein?" fragte die Wirtin.

Nina rang nach Luft. „Einen gemischten Salat bitte", sagte sie dann.

„Sonst nichts?"

„Nein danke."

„Und Sie?"

„Ein Viertel grüner Veltliner", bestellte die Schwarze Witwe. Die Wirtin blickte sie weiterhin erwartungsvoll an. „Nichts zu essen", sagte die Witwe mit einem Blick aus dem Fenster. „Das bißchen, was ich esse, kann ich auch trinken", fügte sie erklärend hinzu.

Die Wirtin blickte verständnislos.

„Mir auch ein Viertel", meinte Nina schnell.

Draußen hatte der Bauer die schreiende Sau rückwärts hinter den Stall getrieben. Plötzlich brach das angstvolle Quietschen ab.

Die Frauen sahen sich an.

„Ich glaube, jetzt kann ich den Salat auch nicht mehr essen", meinte Nina.

Die Wirtin stellte die beiden Weingläser vor sie hin und verschwand wieder.

Die Schwarze Witwe trank einen tiefen Schluck. „In der Stadt bekommt man das gar nicht so mit." Sie schüttelte sich.

„Was hast du denn erwartet, du hoffnungslose Romantikerin? Auf dem Land geht es rauh und grob zu."

„Ich weiß nicht. Wahrscheinlich hab' ich gedacht, es ist mehr so waldbauernbubenmäßig. Oder Laura Ashley für Feministinnen. Baumwollspitze und Fichtenholzdesign. Knorrige Gesichter und Kräuterschnaps."

„Kräuterschnaps zumindest kannst du haben."

„Mir reicht der Wein."

„Es ist genau wie in der Stadt. Nur daß wir da unser Fleisch viereckig in Scheiben geschnitten und sauber verpackt im Supermarkt gekauft haben. Und den Eiern haben wir auch nicht angesehen, wie sie entstehen."

„Ich weiß nicht, wie viele Leute noch Schnitzel essen

würden, wenn sie es vorher in Todesangst um die Ecke laufen sehen."

„Das wär's, was die Tierschutzvereine veranstalten sollten. Führungen durch Schlachthäuser. Auf diese Weise ginge der Fleischkonsum bald auf Null zurück."

„Was hat eigentlich die junge Nachbarin von Hirschmanns gesagt", wechselte die Witwe das Thema.

„Auch so eine arme Sau", entgegnete Nina. „Ein Heimkind, das seit vier Wochen auf dem Buchner-Hof lebt. Sie ist sechzehn und für die nächsten zwei Jahre das Pflegekind der Buchner-Bauern. Das ist vielleicht besser als das Heim. Aber im Grunde ist sie nichts als eine billige Arbeitskraft."

„Die sah so unglücklich aus, die kleine Maus", meinte die Schwarze Witwe.

„Schatz, die Kleine ist kein herrenloses Kätzchen", warnte Nina.

Die Schwarze Witwe verstand nicht.

„Ich meine, ich kenne deinen Hang zu Waisenkindern aller Art. Du bist vielleicht für die vierfüßigen zuständig. Aber die zweibeinigen schlepp uns nicht auch noch nach Hause."

„Ich weiß überhaupt nicht, wovon du sprichst", wehrte die Witwe ab. „Bist du nicht ein wenig gastfeindlich?"

Nina lachte.

„Hat sie was über Hirschmanns gewußt?"

„Nicht direkt. Das heißt, sie hat bestätigt, daß die alte Hirschmann einen leichten Schlaganfall gehabt hat und in die Klinik gekommen ist. In der Klinik sei sie dann aber erst so richtig krank geworden. Sie hat hohes Fieber bekommen und wohl eine Art Darmgrippe oder Darmentzündung. Jedenfalls hat kein Medikament geholfen."

„So ein Blödsinn. Heutzutage gibt es doch Antibiotika."

„Also, wenn ich die Kleine richtig verstanden habe, dann haben die Antibiotika nicht geholfen."

„Eigenartig", meinte die Witwe. „Vielleicht sollte ich den Leopolter mal anrufen. Der kann mir vielleicht sagen, was das war."

„Der Leopolter ist Facharzt für Neurologie, mein Engel. Meinst du, der weiß was über Darmentzündungen?"

„Könnt' schon sein, daß der Trottel da überfragt ist", räumte die Witwe ein. „Ich versuch's trotzdem. Er könnte ja einen Kollegen am AKH fragen. Hast du das Heimkind eigentlich gefragt, ob sie gesehen hat, wer da in das Hirschmann-Haus geschaut hat?"

„Ach die", sagte Nina. „Das ist Frieda. Sie wohnt drüben auf der anderen Seite vom Tal auf einem leeren alten Gehöft, das auch dem Buchner-Bauern gehört. Sie soll die uneheliche Tochter der Buchner-Bäuerin sein. Der Buchner-Bauer hat das Kind nicht akzeptiert, und deshalb ist es noch vor der Hochzeit in ein Heim gegeben worden. So, wie die Kleine sich geäußert hat, ist die Frieda wahrscheinlich ein Fall für dich. Sie soll nicht ganz richtig im Kopf sein."

„Daß du dir das nicht merken kannst. Ich bin keine Psychiaterin. Leute, die nicht ganz richtig im Kopf sind, sind nicht mein Fall. Im Grunde könnte ich sogar sagen, daß nur die Gesündesten den Weg zu mir finden."

„Für mich ist das alles eins", sagte Nina. „Die Feinheiten seelischer Probleme kann ich nicht so genau unterscheiden. Jedenfalls wurde die Frieda später auf dem leerstehenden Hof einquartiert, weil sie menschenscheu ist."

„Sie schien mir schon recht alt zu sein", sagte die Witwe. „Aber vielleicht hat es auch nur auf den ersten Blick so ausgesehen. Es gibt Leute, die schon früh graue Haare bekommen. Armes Mädchen."

Manchmal kann ich die Lieblosigkeit dieser Welt kaum ertragen, dachte sie. „Zahlen, bitte", rief sie dann und legte ihre Geldbörse zurecht.

4

Es war jetzt Mitte November, und in den Tälern zwischen den Bodenerhebungen, die zu hoch waren, um Hügel genannt zu werden, und zu klein, um Berge zu sein, begann es neblig zu werden.

„Genau wie du", sagte Nina zur Schwarzen Witwe. „Du bist mit deiner Größe auch nur fünf Zentimeter oberhalb der Behindertengrenze."

„Wer seine Freundin und Gönnerin beleidigt, der wachsen eines Tages böse Furunkel auf dem Hintern", hielt die Schwarze Ninas Art von Humor in Grenzen.

„Die Hexe bin immer noch ich", konterte Nina. „Du bist hier die Psycho-Else."

„Auch Psycho-Elsen sind nicht immer nur nett", warnte die Schwarze Witwe. „Ich trage meinen Namen nicht aus Zufall."

„Ich bin ein Weibchen. Du kannst mich gar nicht fressen. Die Schwarze Witwe frißt nur Männchen."

„Glück gehabt, was?" Die Schwarze nahm ihre Hausamazone in den Arm. „Wie wär's mit einem Glühwein?"

In den Wäldern knurrten um diese Jahreszeit überall die Motorsägen. Für andere Arbeiten in der Landwirtschaft war es zu kalt geworden. Auch die beiden Frauen hielten sich jetzt größtenteils im Haus auf. Im Gewächshaus kämpften ein paar Tomatenpflanzen tapfer gegen den drohenden Frosttod an. Der Stapel geschnittenen Holzes lehnte trutzig wie eine Versicherung gegen Schnee und Eis an der hinteren Hauswand.

Der Hof der Schwarzen Witwe hatte früher einem armen Weinbauern gehört. Er bestand aus einem kleinen alten

Haus, der steirischen Keusche, einem Stall und einem Holzschuppen. Der ehemalige Weinberg war nun eine steile Wiese, an die ein schöner Mischwald voller Buchen und Eichen grenzte. Den Stall hatten die beiden Frauen zu einem kleinen Wohnhaus umgebaut. Die Keusche wurde zwar auch von ihnen bewohnt, aber sie war in einem erbärmlichen Zustand. Der Lehmputz bröckelte von den Wänden, der Holzfußboden hob sich in bemerkenswerten Verwerfungen, und es gab weder Strom noch Wasser im Haus.

„Nächstes Jahr wird sie saniert", hatte die Schwarze Witwe sich und Nina versprochen.

Sie waren soeben von einer Versammlung unten beim Buchner-Bauern hügelan durch den Wald zurückgekommen, stürmisch begrüßt von Klara, der alten Hündin. Weil das Dorf keinen Gemeindesaal hatte, wurde für Versammlungen oder politische Wahlen die Wohnküche des Buchner-Hofes leergeräumt. *Ich hätte nie gedacht, daß es so etwas noch gibt,* dachte die Schwarze Witwe. *Diese verschlossenen Gesichter, die uns aus den Augenwinkeln angestarrt haben, als wir durch die Tür kamen.* Die Bauern des Dorfes saßen auf Holzbänken, die an den Wänden aufgestellt worden waren. Außer Nina und der Schwarzen Witwe waren nur zwei Frauen anwesend, um die Köpfe bunte Tücher geknüpft, still und schweigend, die abgearbeiteten Hände im Schoß gefaltet, den Blick zu Boden gerichtet. *Ich frage mich, wie sie mit dem Winterbauer, dieser lächerlichen Saufnase zurechtkommen.* Der junge Tierarzt aus Tirol hatte die Praxis erst vor zwei Jahren übernommen. Nachdem er Klara einmal eine Spritze so schmerzhaft gesetzt hatte, daß sie aufjaulte, stand es für die beiden Frauen fest, daß er ein schlechter Tierarzt war. Bei der Versammlung hatte er in einer Ecke gesessen, die Augen in dem jungenhaften, unreifen Gesicht gingen hin und her auf der Suche nach Bestätigung wie ein unterwürfiger Hund. *Aber irgend etwas an ihm ist böse. Böse, übel und verschlagen. Ich traue dem Kerl nicht über den Weg. Ich würde gern wissen, was die Bauern über ihn denken,* überlegte die Witwe. *Er hat ganz offensichtlich Alkoholprobleme, wenn ich mich nicht täusche, schon seit längerer Zeit. Sein Gesicht zeigt die ersten Verwüstungen, sein Körper mit dem aufgeschwemmten Bauch und den dünnen Beinchen auch.*

„Her mit dem Glühwein", rief Nina. „Stell dir vor. Nächstes Jahr können wir unseren Selbstgebrannten trinken."

„Viereinhalbtausend Schilling Beteiligung an der neuen Schnapsbrennanlage sind kein schlechter Einstand", rechnete die Schwarze Witwe. „Da werden wir viele Jahre Schnaps brennen müssen, bis wir das wieder drin haben."

Sie goß Rotwein in den Topf und gab Nelken und Zimt dazu. „So, das wird den grauen Nebel vertreiben." Sie stellte den Topf auf den Herd und schaltete ein.

„Wenigstens ist er uns nach dem dritten Glühwein ziemlich egal. Das weiß ich jetzt schon", sagte Nina.

Die beiden setzten sich an den großen Holztisch. Der Fernseher lief. Nina zappte vom deutschsprachigen ins slowenische Programm. „Da versteht man wenigstens nichts."

Die slowenische Sprecherin kündigte offenbar einen Beitrag zum Bosnien-Krieg an. Bilder von zerschossenen, zerbombten Häusern. Alte Frauen in Kopftüchern, die weinten. Die Hündin fing an zu bellen.

„Aus, Klara!" brüllte Nina.

Klara bellte weiter.

„Aus!" brüllte Nina. „Aus! Klara! Aus!"

„Kannst nicht wenigstens du aufhören, Krach zu machen?" fragte die Schwarze Witwe. „Und sag nicht immer Aus. Mein Hund ist doch kein Apparat. Sag nein oder was weiß ich. Außerdem hört sie sowieso nicht auf uns." Sie schaltete zurück ins österreichische Programm.

Die Hündin bellte noch immer.

Nina sah zum Fenster hinaus und versuchte in der beginnenden Dunkelheit etwas zu erkennen. „Ich glaube, da ist jemand", sagte sie und zog sich die Stiefel an.

„Wer kommt denn um diese Zeit noch hierher?" wunderte sich die Witwe und hielt Klara die Schnauze zu.

„Bfffff!" sagte Klara.

Vor der Tür stand Sabine, das Heimkind vom Buchner-Bauern. Undeutlich war durch die Türverglasung zu erkennen, daß sie weinte.

Nina riß die Tür auf. „Du liebe Güte, Sabine, was ist denn mit dir passiert?" rief sie und zerrte das Mädchen ins Haus. Im vollen Licht des Wohnzimmers war zu erkennen, daß sie blaue Flecken im Gesicht hatte. Aus einer Platzwunde an der linken Augenbraue tropfte Blut.

Die Schwarze Witwe rannte ins Badezimmer und kam mit Jod und feuchtem Lappen zurück.

Nun tat jede, was sie konnte. Klara sprang an Sabine hoch. Abwechselnd schüttelte Nina sie und nahm sie in den Arm. Die Witwe fummelte ihr mit dem jodgetränkten Wattebausch im Gesicht herum. Im Haus breitete sich ein Duft von Nelken und Zimt aus.

„O je, der Glühwein!" rief die Witwe, legte Jod und Wattebäusche auf einen kleinen Tisch und raste in die Küche.

Mit drei Gläsern heißem Wein auf einem Tablett kam sie zurück. Sabine saß vor dem Kaminfeuer auf dem Sofa und weinte noch immer.

„Was ist passiert?" fragte die Schwarze Witwe in einem Ton, der keinen Zweifel daran ließ, was sie mit dem Täter zu tun gedächte, wenn sie ihn in die Finger bekäme.

Sie flößte dem Mädchen ein wenig von dem heißen Wein ein und streichelte ihre Hand.

„Du bist in Sicherheit", sagte sie. „Was immer auch geschehen ist, es ist vorbei. Hier kann dir keiner mehr wehtun."

Sabine weinte daraufhin noch lauter.

Die beiden Frauen warteten und nutzten die Zeit, indem sie ihren Glühwein in kleinen Schlucken tranken. Klara legte sich mit einem Grunzer zu Sabines Füßen. Aus der Küche tönte die Musik zu einem Tatort, den eine professionelle Frauenstimme für den kommenden Sonntag ankündigte.

„Mach mal die Glotze aus", forderte die Schwarze Witwe Nina auf.

Nina ging in die Küche. Kurz darauf wurde es still.

„Habt ihr eine Zigarette?" fragte Sabine mit Kinderstimmchen in die Stille hinein.

„Du rauchst?" staunte die Schwarze Witwe. „In deinem Alter? Du bist doch höchstens sechzehn."

Nina knuffte sie.

„Das ist sehr ungesund, mein Kind", fuhr die Witwe fort und fing sich einen weiteren Knuff von der Hausamazone ein. „Au", sagte sie. „Was haust du mich denn dauernd?"

„Das ist doch nun wirklich nicht so wichtig, du alte Glucke", wies Nina sie zurecht. Sie ging in die Küche und kramte in einer Schublade. Dann erschien sie wieder mit einem zerknitterten Päckchen, fingerte eine von den drei Zigaretten, die sich darin befanden, heraus und steckte sie Sabine in den Mund. „Die sind zwar schon ziemlich alt, aber zur Not wird es gehen." Sie hielt ihr ein Feuerzeug hin.

„Wo hast du die her?" fragte die Schwarze argwöhnisch.

Nina lachte. „Es ist ja noch nicht so lange her, daß ich mit der Qualmerei aufgehört habe. Das war meine eiserne Reserve, falls ich rückfällig werden wollte."

„Hinter meinem Rücken", murmelte die Witwe protestierend, aber es klang nicht sehr überzeugend.

Nina wandte sich an Sabine. „Geht's wieder?"

Sabine nickte.

„Was war los? Wer hat dich so zugerichtet?"

Wieder traten dem jungen Mädchen die Tränen in die Augen.

„Schschsch", beruhigte sie Nina.

„Der Buchner-Bauer." sagte Sabine leise. „Der Buchner-Bauer hat mich verprügelt, weil ich..." Sie schluchzte auf. „Weil ich mit dem Stallausmisten nicht fertig geworden bin."

„Der Scheißkerl", knurrte die Witwe. „Der soll uns kennenlernen. Wir werden ihn anzeigen. Gleich morgen früh. Du bleibst erst mal besser hier."

„Woher wußtest du denn, wo wir wohnen?" erkundigte sich Nina.

„Der Hirschmann hat's beschrieben, vorhin in der Versammlung."

„In der Versammlung war der Hirschmann aber nicht", widersprach die Witwe.

„Soweit ich weiß, ist der Hirschmann seit der Beerdigung mit einem Nervenzusammenbruch in der Klinik in Feldbach", ergänzte Nina.

„Er kam erst, nachdem ihr gegangen wart. Ich hab' den Wein servieren müssen. Da hab' ich ihn gesehen."

„Wein servieren", sagte die Witwe. „Diese Hundlinge. Solange wir da waren, haben sie uns auf dem Trockenen sitzen lassen. Mir hat schon die Zunge geraschelt, so trocken war sie. Und du hast noch gesagt, die Einladung sei ein Zeichen dafür, daß wir jetzt als Gemeindemitglieder akzeptiert sind", bemerkte sie vorwurfsvoll in Ninas Richtung.

Die zuckte mit den Schultern. „Ob die uns akzeptieren oder nicht, ist doch wirklich völlig wurscht. Seit wann ist Hirschmann denn wieder raus aus der Klinik?" fragte sie und sah Sabine an.

Die blickte verständnislos zurück. „Hirschmann? Der war nicht im Spital. Der Buchner-Bauer hat gesagt, der ist in die Karibik geflogen."

„Trauer und Gram werden ihn dorthin getrieben haben", bemerkte die Witwe bissig.

Nina grinste. Sie zog die Stiefel wieder aus und verschwand in die Küche, um eine neue Runde Glühwein vorzubereiten.

„Wieso erzählt mir die Würzl, der Hirschmann ist mit einem Nervenzusammenbruch in der Klinik?" überlegte die Witwe. „Bist du wirklich sicher mit der Karibik?"

Sabine nickte. „Ich hab' gehört, wie der Buchner-Bauer zum Hütter gesagt hat, der Hirschmann sei in der Karibik gewesen. Da war der Hirschmann aber schon wieder fortgegangen."

„Was ist denn in der Versammlung noch so geredet worden, nachdem wir gegangen waren?"

Sabine überlegte. „Über die Bürgermeisterwahlen nächstes Jahr."

„Und sonst?"

„Daß vielleicht eine Kläranlage gebaut werden soll."

„Sonst nichts?"

„Nur als der Hirschmann da war, da hab' ich den Wein gebracht und gehört, wie der den Leuten den Weg zu euch hinauf beschrieben hat."

„Aha. Wir waren also Thema. Hast du mitbekommen, worum es ging?"

Sabine schüttelte den Kopf. „Nur viel gelacht haben sie, als ich wieder draußen war. Und einer hat was von anständigen Leuten gesagt."

„Denen wird das Lachen noch vergehen", versprach die Witwe.

„Wer lacht?" erkundigte sich Nina, die mit dem neuen Glühwein erschien.

Die Schwarze Witwe berichtete, was sie von Sabine erfahren hatte.

Nina pfiff durch die Zähne. „Was für ein Sauhaufen."

„Mäßige deine Worte, Weib", mahnte die Witwe. „Woanders geht es auch nicht besser zu. In einem Dorf mit gerade mal hundert Einwohnern fällt es halt nur mehr auf. Und das auch nur uns. Für die meisten Leute sind Mißgunst und Intrige doch ganz normale Lebensäußerungen."

Nina nickte. „Ich kann mich trotzdem nicht damit abfinden."

„Das sollst du auch nicht", sagte die Witwe. „Und nun komm, wir bauen der Kleinen ein Bett und gehen dann auch schlafen. Es ist schon spät."

5

Der nächste Morgen sah aus wie ein früher Abend. Schwer hing der Nebel im Tal und versteckte das Leben und Treiben vor den Blicken der Frauen auf dem Hügel. Nina ließ die verschlafene Klara hinaus und schlurfte in die Küche, um die Katzen zu füttern.

„Morgen", sagte die Witwe.
„Morgen", antwortete Nina.
„Ist die Kleine schon auf?" fragte die Witwe und stellte Wasser für den Kaffee auf den Herd.
„Ich geh' sie gleich wecken", sagte Nina.
„Nach dem Frühstück gehen wir die Anzeige machen."
Nina nickte.
Draußen bellte Klara. Beide Frauen sahen zum Fenster hinaus. Sabine tollte mit der darüber offenbar sehr begeisterten Klara herum.

„Wer gibt bloß seine Kinder in ein Heim?" Die Witwe betrachtete versonnen die Szenerie vor dem Haus. „Ich kann mir keine Situation vorstellen, die so schlimm ist, daß ich diesen Schritt für gerechtfertigt halten würde."

„Ich auch nicht", stimmte Nina zu. „Das Problem beginnt doch schon damit, daß alle möglichen Frauen sich einbilden, ein Kind haben zu wollen, nur weil das so üblich ist. Und das nächste Problem ist dann, daß die Mütter weder wissen, wie man Kinder erzieht, noch genügend Hilfe bekommen, damit sie in Ruhe die Kinder aufziehen können."

„Und die einzige Antwort, die der Staat darauf hat, sind Heime für die, die durch das Sieb fallen, in denen Wahnsinnige arbeiten und die Insassen seelisch verkümmern." Die Witwe schnaubte in tiefer Empörung. Sie goß das kochende

Wasser in den Kaffeefilter. Sogleich verbreitete sich ein köstlicher Duft von frischem Kaffee in der Küche. „Ist dir klar, daß wir auf jeden Fall Schwierigkeiten bekommen?"

„Wieso?" fragte Nina.

„Sabine ist das Pflegekind der Buchner-Bauern. Sie muß entweder zu denen zurückgebracht werden, oder sie kommt ins Heim zurück, wenn den Buchners die Pflege entzogen wird, weil der Alte sie mißhandelt hat."

„Kann sie nicht bei uns bleiben? Wir haben doch Platz."

Die Witwe schüttelte den Kopf. „Ich glaube kaum, daß sie solchen wie uns erlauben, ein Pflegekind zu haben. Schon gar keins, das praktisch fast erwachsen ist."

„Was für ein Schwachsinn! Beim Bauern sich die Knochen kaputtschuften wird erlaubt. Mißhandeln auch. Aber bei uns zu leben könnte die seelische Entwicklung gefährden."

„Hallo", sagte Sabine. Sie stand mit blitzenden Augen und leicht außer Atem lachend in der Tür. „Die Klara ist wirklich ein lieber Hund."

„Komm und trink einen Kaffee", sagte die Witwe und hatte schon wieder diesen mütterlichen Ton in der Stimme. Sie nahm ein handgetöpfertes Häferl aus dem Regal und goß Kaffee hinein.

„So ein schönes Häferl. Habt ihr die selbst getöpfert?"

„Nein", sagte Nina. „Die haben geistig Behinderte gemacht. Ein Geschenk von Freunden."

„Oh, Entschuldigung", murmelte Sabine.

„Ist schon gut. Die Frage hat uns noch jeder Gast gestellt." Nina grinste und schob ihr Milch und Zucker über den Tisch.

„Sag mal, Sabine, hast du überlegt, wie es weitergehen soll mit dir?" fragte die Witwe.

Sabine schien innerlich zu erstarren. Langsam schüttelte sie den Kopf.

„Du weißt, daß die Buchner-Bauern dich suchen werden", sagte die Witwe.

Sabine nickte und blickte verloren auf einen Punkt im Nirgendwo.

„Wir können dich nicht hierbehalten. Du weißt, wir würden gern. Liebend gern. Aber wenn wir das tun, bekommen wir ziemlichen Ärger, und sie würden dich trotzdem holen."

Sabine reagierte nicht. Es schien, als hätte sie sich an einen Ort in ihrem Inneren zurückgezogen, an dem sie für die Außenwelt nicht mehr erreichbar war.

Die beiden Frauen blickten sich ratlos an.

Nina streichelte ihr den Rücken. Die Schwarze Witwe nahm ihre Hände und rieb sie.

„Sabine, hörst du mich?" fragte Nina. „Möchtest du lieber wieder ins Heim zurück als zum Buchner-Bauern?"

Sabine drehte langsam ihr Gesicht zur Wand, als bewegte sie sich unter Wasser. „Kann ich nicht bei euch bleiben?" flüsterte sie tonlos.

„Es bricht mir das Herz", flüsterte die Witwe Nina zu. „Ich geb' sie nicht her. Das kann ich einfach nicht."

„Überleg dir gut, was du tust, Mutter Teresa", sagte Nina.

„Ich kann nicht überlegen", erwiderte die Witwe. „Hier ist ein Kind in Not. Das ist das einzige, was zählt."

„Und was willst du tun?" fragte Nina.

„Wir behalten sie einfach", sagte die Witwe. „Wir verstecken sie. Was soll schon passieren? Klara bellt zuverlässig, wenn jemand kommt. Dann verschwindet sie schnell auf dem Dachboden. Wir müssen halt alle gut aufpassen."

„Also gut", stimmte Nina zu. „Aber nur, weil die Kleine im Augenblick seelisch am Ende ist. Auf die Dauer ist das keine Lösung. Wir können sie doch nicht als U-Boot untertauchen lassen. Sie braucht eine Ausbildung. Muß zur Schule gehen. Sie braucht ihre Papiere."

Die Witwe nickte. „Das findet sich alles. Später. Jetzt muß sie erst einmal zur Ruhe kommen."

„Dann können wir den Buchner-Bauern aber auch nicht anzeigen", sagte Nina.

„Dann eben nicht. Noch nicht. Den kriegen wir schon dran", antwortete die Witwe. Sie nahm den graugetigerten Kater auf den Schoß und gab ihm einen dicken Kuß zwischen die Ohren. „Sie kann drüben in der Keusche wohnen. Wir machen ihr das Zimmer ein bißchen gemütlich. Klara kann bei ihr schlafen, dann fühlt sie sich nicht so einsam. Sabine", rief sie, als spräche sie mit einer Schwerhörigen. „Hast du uns gehört? Du bleibst bei uns. Aber du mußt mithelfen, daß wir nicht erwischt werden, hörst du?"

Sabine schien langsam in sich zurückzukehren. Die Witwe spürte, wie Sabines Hände als Antwort fester zugriffen.

Eine Stunde später hatten die drei das Zimmer in der Keusche gemütlich hergerichtet. Über dem Bett lag eine bunte Decke aus Ninas Junggesellinnentagen. Ein paar Kissen aus dem Wohnzimmer hatte sie dazugegeben. Ein Tischchen mit einer Lampe darauf stand da. Die Witwe hatte ein paar Bücher und Zeitschriften hingelegt. Dazu Schreibpapier und Stifte. Klaras Korb hatte auch noch Platz gefunden. Und auf dem Hausaltar brannten die Kerzen.

Sabine sah sich die Steine und Federn an, die zwischen den Kerzenständern ausgelegt waren. Sie berührte vorsichtig die kleine Tonfigur, die mit ausgestreckten Armen die Welt umfangen zu wollen schien. „Was ist das?" fragte sie.

„Das ist die Göttin Artemis", sagte die Schwarze Witwe. „Siehst du ihre vielen Brüste? Damit nährt sie die Welt. Sie wird auch auf dich ein wenig aufpassen."

„Und Klara paßt auch auf dich auf", sagte Nina.

Sabine blickte irritiert und ungläubig.

Nina legte ihr den Arm um die Schulter. „Du brauchst dich nicht zu fürchten. Du bist hier bei bekennenden Heidinnen gelandet. Aber du wirst sehen: Die Göttin liebt alle ihre Kinder." Und bitter fügte sie hinzu: „Ganz im Gegensatz zu eurem christlichen Gott."

Durch die dichten Nebel vor dem Fenster drang blaß und schwach der Hauch eines Sonnenstrahls.

6

Für eine ganze Woche zogen sich die Schwarze Witwe und die Hausamazone in die dichten Novembernebel zurück. Sie verhielten sich still und warteten ab, was geschehen würde. Jeder Tag, der verging, ohne daß die Gendarmerie vor dem Anwesen auftauchte, vergrößerte die Irritation. Es schien, als vermißte niemand das Heimkind Sabine. Abend für Abend tüftelten die Frauen daran herum, was das zu bedeuten hatte.

„Vielleicht haben die einfach nicht mitbekommen, daß Sabine bei uns ist", schlug Nina vor.

„Das könnte sein, ist aber eher unwahrscheinlich", gab die Schwarze Witwe zu bedenken. „Es gibt nichts, was hier oben passiert, was die da unten nicht mitbekommen. Ich weiß zwar nicht, wie sie das machen, aber die sehen, hören und wissen alles."

„Das ist ja auch gar nicht so schwer", meinte Sabine mit ihrer leisen Kinderstimme und wies auf den Schnitter-Hof, der am Fuß des Frauenhügels lag. „Ich bin ganz sicher, daß die von da unten mit einem Fernglas beobachten, was hier oben so vor sich geht."

„Könnte sein." Nina machte ein nachdenkliches Gesicht. „Wieso bin ich noch nicht darauf gekommen? Der Schnitter-Hof ist der einzige, der Sicht auf unser Anwesen hat, zumindest mit einem Feldstecher."

„Um so eigenartiger, daß niemand wegen Sabine bei uns vorbeigekommen ist", sagte die Witwe.

„Der Buchner-Bauer hat Angst, daß er dran ist wegen Mißhandlung", war Ninas zweiter Vorschlag.

„Ach, wir könnten es doch nicht einmal beweisen. Sabines Wort ist das Wort eines Heimkindes, einer Asozialen, das gegen das Wort des reichsten Bauern im Dorf steht. Da hätten wir doch kaum eine Chance. Ganz abgesehen davon, daß einer wie der Buchner-Bauer kaum irgendeine Art von Unrechtsbewußtsein in bezug auf Prügel entwickelt hat", sagte die Schwarze Witwe. „Aber der muß doch Angst haben, daß irgendwann jemand vom Jugendamt vor der Tür steht, und keine Sabine ist da."

„Am besten fahre ich ins Dorf. Wir brauchen sowieso einige Dinge, wenn wir nicht verhungern wollen. Da kann ich mich gleich mal umhören", sagte Nina.

Sie stieg in ihre Stiefel, zog die schwarze Lederjacke an und griff sich die Autoschlüssel. Klara stand wedelnd an der Tür. Autofahren war für sie das zweitgrößte Vergnügen. Das größte waren die wöchentlichen Wurstreste von Spar, die Nina ihr trotz der Proteste der Witwe mitbrachte.

Frau und Hund bestiegen das Auto.

„Schau noch mal bei der Würzl vorbei. Vielleicht kriegst du aus der etwas heraus", rief die Witwe ihr nach. Nina hob die Hand zum Zeichen, daß sie verstanden hatte, und startete den Wagen.

7

Zwei Stunden später rollte der Nissan wieder durch den Wald zurück. Nina hupte, und schon die Art, wie sie auf das Horn drückte, zeigte, daß sie Neuigkeiten mitbrachte. Die Schwarze Witwe kam aus dem Haus und ging ihr entgegen.

„Was gibt's?" rief sie ungeduldig, als Nina ausstieg.

„Du wirst es nicht glauben", sagte Nina. „Rate mal, wer bei Hirschmann eingezogen ist."

„Die Würzl", sagte die Schwarze Witwe.

„Genau. Die Würzl. Mitsamt ihren Kindern."

„Was?"

„Mitsamt ihren Kindern. Inklusive dem Mongo", wiederholte Nina.

„Nina", sagte die Witwe. „Sag Down."

„Down. Von mir aus. Das muß doch eine große Liebe sein, daß der sogar das behinderte Kind akzeptiert. Der Kleine ist zwar lieb, aber bis so ein Mann ein Kind in Kauf nimmt, das nicht wie alle anderen ist, das heißt doch was."

„Ich fasse es nicht. Die alte Hirschmann ist kaum unter der Erde, da holt er sich die nächste ins Bett."

„Das sagt man aber auch nicht, Schatz."

„Ist doch wahr", schimpfte die Schwarze Witwe. „Ich bin in diesen Angelegenheiten sehr empfindlich. Ganz gleich, ob die Hirschmann nun gewaltsam gestorben ist oder sich auf natürliche Weise zu ihren Ahninnen begeben hat, so etwas ist ganz einfach taktlos."

Sie standen auf der Wiese auf dem Hügel, zwischen dem Auto und dem ehemaligen Stall, der jetzt ihr Wohnhaus war. Von zwei Seiten wurde die Wiese von Wald begrenzt. Zur dritten Seite hin fiel der Hügel sanft nach Osten ab. Ein alter Obstgarten und ein noch älterer Weingarten ließen den Blick bis auf Stradens ferne Türme frei, die im dunstigen Licht wie eine japanische Tuschzeichnung wirkten.

Die Schwarze Witwe blickte den Waldweg hinunter und freute sich in einem Seitenabteil ihres Bewußtseins wieder einmal über die Schönheit der Buchen und der dichtwachsenden Haselnußsträucher, die der Auffahrt zum Anwesen etwas Verwunschenes gaben. Nina blickte prüfend auf das Dach des Hauses nach eventuell zerbrochenen Dachziegeln.

Der Schuß peitschte aus unmittelbarer Nähe, und sein Knall warf die beiden Frauen beinahe um. Gleich darauf fiel ein zweiter Schuß.

„Klara", schrie die Witwe in Panik. „Wo ist der Hund?" Sie rannte kopflos ein Stück zum Wald, hielt inne, wandte sich um und rannte in Richtung des Hauses. Blieb wieder stehen.

„Nina, bist du verletzt? Was war das?"

„Das waren glaube ich Schüsse", sagte Nina kreidebleich. Ihre Hände zitterten. Sie spähte wie eine Adlerin in alle Richtungen, aber sie fühlte sich hilflos und dem Unheil ausgesetzt wie in einem schlechten Traum, als spazierte sie nackt durch eine Fußgängerzone, schutzlos den Blicken aller ausgeliefert.

„Was war das?" Sabine kam um die Ecke gerannt, Klara am Halsband haltend.

„Schüsse", rief Nina ihr entgegen.

„Waren das Jäger?" fragte die Witwe. „Göttin sei Dank, dem Hund ist nichts passiert. Wo sind die Katzen?"

„Die haben nicht auf unsere Katzen geschossen. Ich bin mir nicht ganz sicher, aber ich glaube, die meinten uns", sagte Nina langsam.

Die Schwarze Witwe war fast schon wieder in der Lage, zu dem ihr vertrauten Gefühl des Zorns zurückzukehren. Dennoch rührte sie sich nicht von der Stelle, als wäre die Wiese plötzlich vermint. „Wenn ich den erwische", flüsterte sie, und ihre Stimme hatte einen eiskalten Unterton. „Den fülle ich in kleine Gläser ab."

Nina zuckte die Achseln. Langsam kam ihre Fassung zurück. „Laßt uns ins Haus gehen", sagte sie und legte den Arm um die Schultern der Schwarzen Witwe. „Das fehlt mir noch, daß sie mir meine Liebste umnieten."

„Besser, als wenn wir hier weiter als lebende Zielscheiben herumstehen", stimmte die Witwe zu, aber noch immer wagte sie nicht, einen Fuß vor den anderen zu setzen, als sei die gesamte Welt plötzlich explosiv geworden.

Nina zog sie sanft mit sich zum Haus.

Die Schwarze hatte Sabine bei der Hand genommen, und so miteinander verbunden gingen die drei Frauen zum Haus zurück. Klara kam wedelnd hinterher.

Drei Generationen von Frauen, dachte die Schwarze Witwe und lächelte trotz des Schreckens, den der Schuß ihr eingejagt hatte. *Drei Frauengenerationen wie die Göttin in ihren drei Gestalten*. Bei dem Gedanken, daß der Schütze sie in diesem Augenblick sehen konnte und beobachtete, fühlte sie sich sehr unwohl. Sie hatte den Wunsch, sich auf die Suche zu machen, um wenigstens herauszubekommen, von wo der Schuß gekommen war, und gleichzeitig große Angst, in den Wald oder den alten Obstgarten zu gehen, weil sie sich völlig schutzlos fühlte.

Sabine öffnete die Tür, und die drei betraten nacheinander das Haus. Klara schlüpfte hinterher.

„Für Scherze dieser Art habe ich eigentlich nichts übrig", sagte die Witwe und setzte sich auf das Sofa vor dem Kamin, in dem das Feuer schon ziemlich heruntergebrannt war. Sie streckte die Beine von sich und spannte die Schultern an, wie um ihre Angst zu lösen.

Nina legte zwei große Buchenscheite nach und lockerte die Glut mit einem Feuerhaken. „Das war kein Scherz", sagte sie. „Und auch kein Versehen. Da wollte uns jemand Angst einjagen."

„Fragt sich nur, weshalb", überlegte die Schwarze Witwe. „Weil wir Sabine bei uns verstecken oder wegen unserer Schnüffelei, was die alte Hirschmann betrifft?"

„Hast du bemerkt, aus welcher Richtung die Schüsse kamen?" fragte Nina.

Die Schwarze Witwe schüttelte nachdenklich den Kopf. „Es war sehr laut. Also müssen die Schüsse ganz in der Nähe abgefeuert worden sein. Aber ich war so geschockt, daß ich nicht reagieren konnte. Die Vorstellung, daß wir hier dem Angriff von Leuten ausgesetzt sind, die wir nicht einmal sehen können, macht mich ganz krank." Sie zog die Schultern hoch und sah zum Fenster, als ob ein Angreifer hereinschauen könnte.

„Morgen werde ich die Umgebung absuchen. Vielleicht finde ich Patronenhülsen oder Fußspuren", sagte Nina.

„Ich hasse es, hilflos zu sein", schimpfte die Witwe. „Und ich hasse es, mich so dem Unsichtbaren, Unbekannten ausgeliefert zu sehen. Aber das verspreche ich euch – das lasse ich mir nicht bieten. Ich werde alles und alle in Bewegung setzen, um solche Ungeheuerlichkeiten abzustellen... Ein für allemal", setzte sie nach einer Pause hinzu und atmete heftig.

„Sollen wir die Polizei benachrichtigen?" fragte Nina.

„Also, wenn du den Blödmann auf dem Gendarmerieposten erlebt hättest, wüßtest du, daß das völlig sinnlos ist. Ich würde dem sogar zutrauen, daß er geschossen hat."

„Unsinn", erwiderte Nina. „Warum sollte er?"

„Der schießt auch grundlos", beharrte die Witwe. „Das ist ein völlig durchgeknallter Dorf-Sheriff, dem traue ich jede Irrationalität zu."

„Das war keine irrationale Tat", widersprach Nina. „Dir mag das vielleicht verrückt vorkommen, aber dahinter steckt eiskalte Überlegung."

„Woher willst du das wissen?" fragte die Witwe.

„Das spüre ich", sagte Nina. „Mir ist, als hätte ich die Szene schon einmal erlebt."

„Aha. Eine deiner Vorahnungen?"

„Ja, aber nur ein Gefühl. Ich kann dir nichts Genaueres darüber sagen. Was mich viel mehr interessiert, ist, womit geschossen wurde."

„Das war ein Gewehrschuß", sagte Sabine mit ihrer leisen Kinderstimme aus der Sofaecke, in der sie mit hochgezogenen Beinen kauerte, als ob sie fröre.

„Woher weißt du das?" fragte Nina überrascht.

„Der Buchner-Bauer ist Jäger. Der und der Hirschmann gehen zusammen auf die Jagd. Und oben beim Jagdpächter gehen sie Zielscheibenschießen. Ich habe schon öfter gehört, wie ein Gewehrschuß klingt. Das war ein Gewehrschuß."

„Klar", sagte Nina. „Daher auch zwei Schüsse. Die üblichen Jagdgewehre sind doppelläufig."

Die Witwe war überrascht. „Was? Der reichste Schweinebauer des Ortes geht mit dem dubiosen Hirschmann jagen? Da schau her. Das wird ja immer verrückter. Und was machen die? Zielscheibenschießen? Beim Leihmann oben? Ja, ist denn da ein Schießplatz?"

„Nein", sagte Sabine. „Ein Schießplatz ist das wohl nicht

direkt. Der Pächter hat nur eine Zielscheibe hinter dem Haus in einen Baum gehängt. Aber da treffen sich alle an den Wochenenden zum Schießen. Von der Gendarmerie sind auch immer einige dabei."

„Wie bitte?" schrie die Witwe völlig konsterniert. „Die Polizei ist auch dabei? Ich fasse es nicht. Das ist doch illegal."

„Ja", sagte Sabine. „Vom Posten in St. Peter und von St. Stefan auch."

„Schützen wir die Polizei vor Verdruß und Schererei", sang Nina.

„Ach Nina", rief die Witwe. „Jetzt halt mal den Mund und hör auf mit dem Blödsinn. Das hier ist eine ernste Sache."

Nina schwieg beleidigt. Sie vertrug es nicht, wenn die Witwe humorlos wurde. Sie verschränkte die Arme vor der Brust und funkelte die Witwe bitterböse an.

„Nina", mahnte die Witwe eindringlich. „Komm zur Sache."

Nina verschränkte auch noch die Beine.

„Also gut, ich entschuldige mich", sagte die Witwe.

„Nur, wenn du es ehrlich meinst", sagte Nina.

„Ja, ehrlich. Ich entschuldige mich ehrlich."

„Na gut", sagte Nina gedehnt.

„Ist dir eigentlich klar, was das bedeutet", erregte sich die Witwe ohne Übergang weiter.

„Ja, das ist mir klar", antwortete Nina. „Wir haben eine Minderjährige auf unserem Hof versteckt, die niemand vermißt. Wir werden beschossen, als wären wir Schießbudenfiguren. Aber wir können nicht zur Polizei gehen. Wir haben eine Tote in der Nachbarschaft, die auf sonderbare Weise gestorben ist, worüber sich aber außer uns niemand wundert. Wir haben einen Nachbarn, der angeblich im Krankenhaus liegt, in Wahrheit aber in der Karibik Urlaub macht. Wir haben eine Nachbarin, die offenbar die Geliebte des trauernden Witwers ist und nicht einmal das Trauerjahr abwarten kann, bis sie zu ihrem Lover zieht."

„Du hast vergessen zu erwähnen, daß der Nachbar in

einem Haus wohnt, das er sich nicht leisten kann, wenn alles mit rechten Dingen zugeht", fügte die Witwe hinzu.

„Genau", bestätigte Nina. „Der Nachbar lebt auf allergrößtem Fuß, und das scheint niemandem außer uns aufzufallen."

Die Frauen schwiegen nachdenklich. Nur das Knacken der brennenden Holzscheite im Kamin war zu hören. Klara leckte sich mit unerschütterlichem Schlapp-schlapp-schlapp den Bauch.

„Und was machen wir jetzt?" fragte Nina.

„Gute Frage", sagte die Schwarze Witwe.

8

In der Nacht fiel der erste Schnee. Die vier Katzen starrten am Morgen entgeistert wie in jedem Jahr auf den weißen Belag. Klara flitzte hinaus, auch wie jedes Jahr beim ersten Schnee. Sie warf sich auf den Rücken und machte Hunde-Feldenkraisübungen. Der ganze Hang war in die weichen Rundungen einer frischen, unberührten Schneedecke gehüllt. Sogar der eigentlich nicht besonders schöne Schnitter-Hof wurde in ein Märchenbild aus einer winterlichen Schokoladewerbung verwandelt.

Nina war wie immer als erste aufgestanden und füllte die Katzennäpfe mit Dosenfutter. Das Wasser für den Kaffee kochte auf dem Herd. Die Schwarze Witwe kam auf Wollsocken die Wendeltreppe herunter. „Ich weiß nicht", sagte sie. „Wieso werde ich ab Herbst immer dicker und du nicht?"

„Weil ich nicht soviel esse wie du", erwiderte Nina. „Du hast offenbar irgendwelche Bären unter deinen Vorfahren. Zumindest scheinst du zu glauben, du müßtest dich rundessen, sobald die Blätter sich an den Bäumen zu verfärben beginnen."

„Danke", sagte die Witwe. „Das ist genau die Antwort, die mich wieder aufbaut."

„Dann frag nicht." Nina goß Wasser in den Kaffeefilter.

„Warum kann ich meinen Mund nicht halten?" sagte die Schwarze Witwe und machte eine Geste, als ob sie sich mit einem Schlüssel den Mund verschlösse. „Mit dieser Frau kann man vor zwölf Uhr mittags keine wichtigen Fragen erörtern."

Sie trat ans Fenster und schaute hinaus auf die Wiese vor dem Haus, auf der sie gestern beschossen worden waren.

„Nina", sagte sie dann in besorgtem, ernstem Ton. „Warst du heute schon draußen?"

„Nein", sagte Nina. „Warum sollte ich?"

„War Sabine schon unterwegs?" fragte die Witwe weiter.

„Sabine schläft noch."

„Dann wüßte ich aber gern, von wem die Fußspuren stammen", sagte die Witwe. „Noch dazu von jemand, der barfuß war."

„Barfuß? Draußen?" Nina stellte den Wasserkessel ab und ging zum Fenster. „Tatsächlich. Fußspuren", sagte sie.

Sie eilte in die Diele und stieg mit bloßen Füßen in ein Paar Gummistiefel. Dann streifte sie sich einen alten Parka über und ging vor das Haus. Auf dieser Seite, die hügelabwärts zum Schnitter-Hof wies, waren keine Fußspuren mehr zu erkennen. Klara hatte mit ihren Feldenkraisübungen alles verwischt. Vor der Keusche, die im rechten Winkel zum Haus stand, war der Schnee dagegen noch völlig unberührt. Nicht einmal Spuren von den Katzen waren zu sehen.

Nina ging um das Haus zur Wiese, auf der sie beschossen worden waren, und sah, daß die Spuren von der Auffahrt kommend um das Haus herumgingen und dann zum Marterl führten, das die früheren Bewohner des Hofes aufgestellt hatten. Sie folgte den Spuren bis zur Vorderseite des Marterls, die ihrem Teil der Wiese abgewandt war. Vor dem Marterl, das von vier hohen Tujen umgeben war, war die Person offenbar stehengeblieben.

Nina blickte in die Öffnung, in der die Figur der Muttergottes mit dem Jesuskind stand. Vor der Figur brannte eine Kerze. Zwar hatten weder Nina noch die Schwarze Witwe seit dem Sommer in das Marterl hineingeschaut, so daß Nina nicht sagen konnte, ob die Kerze schon länger dort stand. Aber sie brannte, was bedeutete, daß vor kurzem jemand hiergewesen war und sie angezündet hatte.

Neben der Figur der Muttergottes lehnte ein billiger blauer Briefumschlag, der nicht mehr ganz neu und nicht mehr ganz sauber war.

Nina griff durch das Gitter und angelte den Brief heraus. Sie betastete ihn. Dann öffnete sie ihn vorsichtig. Auf dem aus einem Schulheft herausgerissenen karierten Zettel stand in ungelenker, beinahe kindlicher Schrift:

Maria, die du gebenedeit bist
unter den Gebärenden,
gib mir mein Kind zurück

„Was soll das denn?" Sie lief ins Haus zurück.

9

„Der Hirschmann wird's nicht gewesen sein", sagte die Schwarze Witwe. „Dem fehlt kein Kind, dem fehlt eine Frau."

„Fehlen kann man wohl nicht sagen", widersprach Nina. „Er hat ja schnellen Ersatz gefunden."

„Diese Würzl", räsonnierte die Witwe. „Acht Kinder von vier Vätern. Und so häßlich, wie die ist. Wieso nimmt sich der Hirschmann so eine, wenn er doch offenbar gut gestopft ist und sich eine Hübschere leisten könnte?"

„Vielleicht will sich eine Hübschere den Hirschmann nicht leisten. Er ist ja auch nicht gerade etwas fürs Auge, und eine schöne Seele hat er sicherlich auch nicht", sagte Nina

„Und dem Buchner fehlt die nötige Poesie und Anmut, um auf diese Weise anzudeuten, daß Sabine zurückkommen soll."

„Wem also fehlt welches Kind?" fragte die Witwe.

„Das kann irgendeine Frau sein, der das Kind gestorben ist", meinte Nina.

„Unser Marterl ist doch kein Wallfahrtsziel", sagte die Schwarze. „Dies ist nicht Lourdes. Und ich bin nicht die heilige Bernadette."

„Nein, wenn, dann wohl eher die Fatima." Nina grinste.

Sie hatten sich vom einarmigen Taxifahrer Winter in seinem eleganten schwarzen Citroen in die Bezirkshauptstadt chauffieren lassen und standen nun auf dem Feldbacher Bahnhof, wo sie auf den Zug nach Graz warteten. Von dort wollten sie weiter nach Wien fahren. Die Schwarze Witwe hatte einen Termin wegen ihres Antrags auf Erteilung der österreichischen Staatsbürgerschaft, und Nina wollte sich beim Institut für Bodenkultur umsehen, ob sie nicht neue Gründe fände, die dafür sprächen, nicht weiterzustudieren.

Sabine hatten sie allein auf dem Hof zurückgelassen. Die Schwarze Witwe hatte zwar größte Bedenken gehabt, aber sie hatten Sabine das Versprechen abgenommen, das Haus immer hinter sich abzusperren und es nur in dringenden Fällen zu verlassen. Auch hatten sie ihr Klara als Schutz gelassen. Den gelben Nissan hatten sie ebenfalls daheim stehen lassen, damit der Eindruck entstünde, sie seien zu Hause.

Ein Yorkshireterrier raste bellend den einzigen Bahnsteig des zweigleisigen Bahnhofs entlang.

„Schau dir den kleinen Kerl an", lachte Nina. „Was für ein niedlicher Hund."

„Ein Yorkshire erfüllt nicht den Tatbestand eines Hundes", sagte die Witwe. „Von der Sorte frißt unsere Klara doch drei zum Frühstück."

„Gib nicht so an", mahnte Nina und grinste.

„Wußtest du eigentlich, daß die Züchter den Yorkshirewelpen Alkohol zu trinken geben?" fragte die Witwe.

Nina schüttelte den Kopf. „Warum sollten sie das tun?"

„Damit sie im Wachstum zurückbleiben. Je kleiner der Yorkshire, um so mehr Geld bringt er."

„Ich wünsche all diesen Typen Leberkrebs", stieß Nina hervor. „Was für eine Welt."

„Das ist die Welt des Patriarchen", sagte die Schwarze Witwe, und es klang, als hätte sie ein tausendköpfiges Amazonenheer hinter sich.

Der Yorkshireterrier rannte den Bahnsteig wieder zurück und verschwand im Bahnhofskiosk.

Am anderen Ende stand eine Gruppe Jugendlicher zusammen. Die meisten der höchstens sechzehn Jahre alten Schüler rauchten.

„Schau dir diese Kachektiker an", sagte Nina. „Ich möchte wissen, was mit dieser Jugend passiert ist. Alle sehen gleich aus. Alle sind ganz dünn und haben dünne Haare, die so häßlich wie möglich geschnitten sind, als ob sie sich keinen Friseur leisten könnten. Die sind so körperlos. Wenn ich huste, fallen die doch um."

Die Schwarze Witwe lachte. „Ich glaube, wir werden langsam etwas weltfremd, da oben auf unserem Berg."

„Und dann diese Fetzen, die die anhaben", eiferte sich Nina weiter. „Wie in den siebziger Jahren. Solche Sachen hat meine Schwester früher auch getragen. Scheußlich."

„Und du hast das damals schon häßlich gefunden?" fragte die Witwe. „Du warst doch noch winzig klein."

„Ich war sieben. Sie war vierzehn. Aber ich war schon immer anders als die anderen", sagte Nina. „Als ich fünf war, hab' ich der Barbie-Puppe meiner Schwester einen Kurzhaarschnitt verpaßt und blau gefärbt. Das hat sie mir bis heute nicht verziehen." Sie kicherte. „Heute sieht sie selber aus wie Barbie."

Achtung! Auf Gleis zwei fährt ein der Zug von Fehring nach Graz. Bitte Vorsicht bei der Einfahrt des Zuges schnarrte es aus dem Bahnhofslautsprecher.

Aus dem Warteraum traten einige Leute auf den Bahnsteig. Alle gingen langsam über das erste Gleis, um zum zweiten zu gelangen. Die Schwarze Witwe strauchelte und verlor das Gleichgewicht. Geschickt fing Nina sie auf.

„He, hoppala, schau auf deine Füße."

Die Schwarze Witwe hielt sich an Nina fest und drehte sich um. „Jemand hat mich gestoßen", sagte sie.

„Glaubst du wirklich", fragte Nina zweifelnd. „Naja, kann schon sein. Die Leute sind rücksichtslos."

„Nein, Nina", sagte die Witwe. „Das war Absicht. Jemand hat mich absichtlich umzustoßen versucht."

Sie stiegen in den Zug und suchten sich ein leeres Abteil.

„Ich kann mir das gar nicht vorstellen", sagte Nina. „Das klingt wie aus einem Film."

„Bitte glaub mir, ich habe mir das nicht eingebildet", beharrte die Witwe.

„Und du meinst wirklich, jemand wollte dich unter den Zug stoßen?"

„Nein, das wohl nicht", räumte die Witwe ein. „Es war ein fester, aggressiver Stoß, dem anzumerken war, daß er absichtlich gemacht wurde. Ich glaube eher, jemand wollte mich erschrecken oder mir einen kleinen Denkzettel verpassen."

Sie sah zum Fenster hinaus. *Ich frage mich, ob es richtig war, daß wir hierher in die Steiermark übersiedelt sind,* dachte sie. *Was hat uns eigentlich dazu gebracht? Wir hatten doch ein wunderbares, bequemes Leben in Wien. Ich hatte die Praxis, und die Amazone hat studiert.* Sie beobachtete ihr Gesicht, das sich im Fenster spiegelte. *Einmal die Woche sind wir Sushi essen gegangen. Die Amazone spielte Volleyball. Urlaubsreisen nach Griechenland. Ein paar Freundinnen zum Essen. Es lief alles wie von selbst.* Sie seufzte.

„Auf die Dauer haben wir uns gelangweilt. Hast du das schon vergessen?" fragte Nina.

Irritiert starrte die Witwe ihre Freundin an. „Ich habe mich gerade gefragt, ob es richtig war, daß wir uns in dieser Gegend niedergelassen haben."

„Ich weiß", erklärte Nina. „Darauf habe ich dir ja geantwortet."

„Manchmal machst du mir Angst", sagte die Witwe.

„Ich kann es nicht immer. Und schon gar nicht kann ich es steuern." Nina legte die Füße auf den gegenüberliegenden Sitz. „Leider. Hast du den Leopolter angerufen?"

„Hab' ich", sagte die Witwe. „Ich gehe mit ihm essen. Mal sehen, wie er mir weiterhelfen kann."

„Wohin geht ihr?"

„Sushi essen, was sonst?" Die Witwe lachte. „Ich war seit fast einem Jahr nicht mehr in Wien. Das muß ich ausnutzen. Wir gehen ins You in der Stumpergasse. Wenn du es einrichten kannst, komm doch auch."

„Ich weiß noch nicht, ob ich mir das immerwährende Leiden deines Langzeitverehrers antun soll."

„Geh, laß den armen Leopolter. Er kann es noch immer nicht glauben, daß ich sein Geld nicht attraktiv genug finde, um ihn zu heiraten."

10

„Ich kann es noch immer nicht glauben, daß du mich nicht heiraten willst", sagte Medizinalrat Dr. Alois Leopolter.

„Alois, genieße dein Leben, wie es ist, und iß dein Sushi, sonst tu ich es", erwiderte die Schwarze Witwe. Sie biß genüßlich in ein Reisröllchen, das mit einem Streifen Krebsfleisch belegt war.

„Ich weiß nicht, ob wir uns hier nicht eine gewaltige Hepatitis einhandeln", sagte Leopolter.

„Da hast du gleich den zweiten Grund, warum ich dich nicht heiraten kann." Die Witwe nahm sich das zweite Röllchen vor, das mit einer Scheibe Lachs belegt war.

„Nämlich?" fragte Leopolter.

Die Schwarze Witwe überlegte, ob sie mit ihm darüber reden wollte. „Schau mal, Alois", sagte sie dann. „Du kannst einfach nicht lustvoll genießen. Du bist umzingelt von Viren und Bakterien. Du denkst dauernd, dir könnte etwas passieren. Das würde ich nicht aushalten."

„Und der erste Grund?" fragte er.

„Du bist ein Mann", antwortete sie und griff sich das Fläschchen mit der Sojasoße. „Wahre Liebe gibt es nur unter Frauen. Du kennst doch meine Ansichten darüber."

Er hörte es nicht zum erstenmal, aber er war Widerspruch nicht gewöhnt. Und so beharrte er auf seinem Ansinnen wie schon seit Jahren und brandete wie eine stete Welle gegen die unerschütterliche Küste der Witwe. Die nutzte seine diesbezüglich fokussierte Aufmerksamkeit aus und griff sich mit ihren Stäbchen eines seiner Sushiröllchen.

„Ich verstehe dich nicht", sagte er.

„Das verlangt auch niemand von dir", erwiderte sie. „Du hast es so gut. Du hast Geld. Einen Beruf, den du liebst. Freunde wie mich. Warum willst du das alles aufgeben? Wenn wir heiraten würden, würdest du über kurz oder lang die Achtung vor mir verlieren. Alle Männer verlieren die Achtung vor den Frauen, in deren Nähe sie leben dürfen. Ich habe zwar keine Ahnung, warum ihr so seid. Jedenfalls will ich das weder mir noch dir antun."

„Ich bin nicht wie alle Männer", murrte er.

„Das sagt ihr alle", lachte die Schwarze Witwe. „Aber ihr tut wenig dazu, daß es auch so ist."

Er wußte nicht, wie sie das machte. Aber jede Unterhaltung mit der Schwarzen Witwe endete damit, daß sich die gesamte männliche Hälfte der menschlichen Spezies auf der Anklagebank befand. Zu Leopolters Erleichterung brachte der koreanische Koch ein neues Holzbrettchen mit kunstvoll dekoriertem Sashimi, das die Witwe auch noch bestellt hatte. Der dicke Koch lachte und strahlte, denn der Besuch der Schwarzen Witwe bedeutete für ihn stets einen guten Umsatz. Der Schwarzen Witwe war völlig klar, daß es bei seiner Freundlichkeit ums Geld ging. Dennoch hielt sie die Flasche Wein, die er ihr zu jedem Weihnachten schenkte, für eine freundschaftliche Geste.

„Wußtest du, daß er Koreaner ist?" flüsterte Leopolter vernehmlich.

Die Witwe nickte.

„Und warum kocht er japanisch?"

„Weil er es kann", erwiderte die Witwe lakonisch. „Ist doch immer noch besser, er serviert rohen Fisch als gekochte Hunde."

Leopolter legte seine Stäbchen hin und schob das Holzbrett mit der beinahe noch vollständigen Garnitur Sushi ein Stück von sich fort.

„Bist du schon satt?" erkundigte sich die Witwe und schämte sich kein bißchen für die Scheinheiligkeit ihrer Frage. Der Trick mit den gekochten Hunden funktionierte bei Leopolter jedesmal und zeigte zuverlässig sofortige Wirkung auf seinen schwachen Magen. Sie zog seine Sushigarnitur zu sich herüber und aß mit großem Appetit weiter.

„Na, ihr zwei? Schon verlobt?" fragte Nina. Sie zwinkerte der Witwe zu und wandte sich dann zum langgestreckten Tresen, dessen Plätze jetzt um die Mittagszeit noch leer waren. Sie begrüßte den koreanischen Koch, der eine Portion Makimono für die Schwarze Witwe zubereitete. Nina wußte, daß Leopolter sie nicht mochte und als Eindringling betrachtete. Auch ihre Sympathien für diesen kleinen rundlichen Mann hielten sich in Grenzen.

Die Schwarze Witwe winkte ihr, an den Tisch zu kommen. Nina schnappte sich einen Salzkeks von einem Tellerchen auf dem Tresen und schlenderte hinüber.

„Hast du schon gegessen?" fragte die Schwarze.

Nina schüttelte den Kopf und setzte sich. Sie griff sich ein Paar Stäbchen und angelte das letzte Sushiröllchen vom Holzbrett, das vor der Schwarzen Witwe stand. Die winkte dem Koch um Nachschub.

„Gnädige Flau", sagte der Koch. „Sie mein Lieblingsgast."
Die Schwarze Witwe lachte.

Leopolter schien im Geist die Höhe der Rechnung zu überschlagen, als die nächste Runde Sushi vor ihnen stand. „Du hast einen gesegneten Appetit", sagte er.

„Ich muß mich erden", erwiderte die Witwe. „Ich habe mich im Rathaus wieder ärgern müssen. Die verlangen doch tatsächlich, daß ich erst meinen Schweizer Paß aufgebe, und danach wollen sie entscheiden, ob ich österreichische Staatsbürgerin werden darf."

„O je", seufzte Nina.

„Diese Trottel", sagte die Witwe ärgerlich. „Ich hab' den Kerl gefragt, ob er sich tatsächlich einbildet, daß ich freiwillig staatenlos werde. Ich meine, was ist, wenn die es sich anders überlegen. Dann habe ich meine alte Staatsbürgerschaft aufgegeben, und die neue bekomme ich nicht."

„O je", seufzte Nina wieder.

„Du hättest sehen sollen, wie blöd der dreingeschaut hat, als ich ihm gesagt habe, was ich von ihm und seinem Chef halte. Hören Sie, habe ich gesagt, Stadtrat Matzka ist nicht nur ein menschenverachtender Technokrat, es ist auch eine Frage der Zeit, bis er aus dem Amt fliegt. Es kann nicht mehr lange dauern, bis der Löschnak als Innenminister abgelöst ist. Schlimmer kann es mit dem Haider auch nicht werden. Dann habe ich noch gesagt, wenn ich meine Praxis so geführt hätte wie die ihr Rathaus, wäre ich längst im Schuldturm eingekerkert."

„O je", seufzte Nina zum drittenmal. „Bist du schon mal auf die Idee gekommen, daß du freundliche Nasenlöcher machen solltest, bis du deine Staatsbürgerschaft unter Dach und Fach hast?"

„Niemals", sagte die Witwe. „Gedankenfreiheit, Sire!"

„Und eine Kreditkarte", ergänzte Nina, „denn sonst kannst du dir die Stempelmarken und Gebühren für die Staatsbürgerschaft bald nicht mehr leisten, kleine Jeanne d'Arc."

„Was für eine Frau", murmelte Leopolter bewundernd.

„Ja, sie ist eine wilde Henne", sagte Nina. „Nur manchmal steht sie sich selbst im Weg."

„Reden wir lieber von etwas Erfreulichem", sagte die Witwe. „Zum Beispiel Darmentzündungen."

Leopolter legte still sein Sushiröllchen auf das Holzbrett und wischte sich den Mund mit der Serviette. Die Schwarze Witwe schob das Holzbrett zu Nina hinüber.

„Ich brauche da einige Auskünfte von dir", sagte sie. „Es fällt zwar nicht in dein Fachgebiet. Aber als gelernter Hypochonder weißt du vielleicht trotzdem etwas darüber. Ist es möglich, daß jemand sich im Krankenhaus eine Darmentzündung einfängt, und diese Bakterien sind so robust, daß sie jeder Behandlung widerstehen?"

Leopolter nickte. „Die Krankenhäuser sind Brutstätten für resistente Bakterien. Daran ist die große Hygiene schuld."

„Ja, aber würden die auch ein Antibiotikum überleben?"

„Schon möglich. Wenn der Erkrankte vorher schon viele Antibiotika bekommen hat, kann es sein, daß nichts hilft."

Die Schwarze Witwe nickte nachdenklich.

„Wir hatten in der letzten Zeit einige merkwürdige Fälle, wo Kranke, die noch nie vorher mit einem Antibiotikum behandelt worden waren, nicht auf die Behandlung ansprachen", fuhr Leopolter fort. „Das ist so merkwürdig, daß es allgemeines Gespräch auf der Inneren war."

„Was ist daran so merkwürdig?" erkundigte sich die Schwarze Witwe.

„Merkwürdig ist, daß diese Bakterien eigentlich ganz normale Darmbakterien waren, wie sie in jedem menschlichen Organismus vorkommen. Nur waren sie plötzlich mutiert und ausgesprochen bösartig geworden. Außerdem widersetzten sie sich jeglicher Behandlung", erläuterte Leopolter

„Ich könnte nie in einem Krankenhaus arbeiten", sagte Nina angeekelt. „Diese vielen Kranken. Allein schon der Geruch. Nichts als Elend."

Leopolter sah sie an, als sähe er sie am liebsten horizontal und mit einem Zettel am großen Zeh in der Pathologie.

Die Schwarze Witwe nahm ein Scheibchen vom Sashimi und schob es Nina liebevoll in den Mund. Leopolter beobachtete die beiden, und ein eigenartiger Zorn stieg in ihm auf, den er kaum zu bändigen wußte. Er knüllte unter dem Tisch seine Serviette zusammen, bis die Knöchel an seinen Händen weiß hervortraten. Er spürte ein unangenehmes Gefühl von Schwäche, Unterlegenheit und Ausgeschlossenheit, das er ärgerlich sogleich wieder zu verdrängen versuchte. *Ich bin immun gegen Gefühle*, dachte er. Er haßte die Innigkeit zwischen den beiden Frauen. *Wenn sie mich heiraten würde*, dachte er, *würde ich als erstes dafür sorgen, daß diese Nina aus ihrem Leben verschwindet. Ich würde überhaupt dafür sorgen, daß sie gesellschaftsfähiger wird. Ein bißchen Extravaganz ist ja ganz schön, aber zuviel kann ich mir nicht leisten.*

„Könntest du mehr darüber in Erfahrung bringen?" bat die Witwe.

Leopolter nickte zögernd.

„Könntest du uns noch einen Gefallen tun?" fragte die Witwe.

„Dir, meine Liebe, tu ich fast jeden Gefallen." Er warf Nina einen abweisenden Blick zu.

„Wunderbar", sagte die Witwe. „Unsere Nachbarin ist gestorben, und wir wüßten gern die Todesursache."

Leopolter starrte sie verdutzt an. „Eure Nachbarin?" wiederholte er.

„Richtig. Und ich habe den Verdacht, daß da etwas nicht stimmt."

„Nicht schon wieder", sagte er.

Nina putzte die letzten Reste Makiröllchen zusammen und kaute betont hörbar. Er tat, als hörte er es nicht.

„Ich kann es auch nicht ändern", sagte die Witwe. „Vielleicht ziehe ich solche Fälle ja magisch an. Jedenfalls brauchen wir die Todesursache. Sie ist ertrunken. Aber das weiß ich nur von Erzählungen anderer Nachbarn. Eine polizeiliche Untersuchung hat es nicht gegeben. Glaubst du, du könntest im Feldbacher Landeskrankenhaus ihre Unterlagen anfordern?"

„Nein", sagte Leopolter. „Es gibt das Arztgeheimnis."

Die Schwarze Witwe sah ihm tief in die Augen.

„Nein", sagte Leopolter.

Die Schwarze Witwe gab seinen Blick nicht frei. „Alois", sagte sie.

„Nein", sagte Leopolter. Er spürte, wie ihr Blick durch seine Augen in ihn eindrang und Besitz von ihm nahm. Ihm wurde elend, nicht direkt schwindlig, mehr als ob der Raum um ihn herum sich erweiterte, bis er hilflos durch den Weltraum schwebte. „Nein", sagte er. „Ich habe einen Eid geschworen, vergiß das nicht."

Sie umwickelte seine widerstrebende Seele mit schwarzen Bändern und zog sie langsam zu.

„Alois", hörte er sie fordernd sagen, ihre Stimme klang dunkel und schwingend. Er spürte, wie sie die schwarzen Bänder um seine Seele fester zuzog. Er wünschte sich, er hätte die Augen rechtzeitig abgewendet, aber er wußte, es war zu spät. „Nein", sagte er. „Vielleicht." Er fuhr sich durch sein schütteres Haar. „Ich sehe, was ich machen kann." *Was habe ich gesagt?* dachte er verwirrt. *Ich werde meinen Job verlieren. Ich werde meine Approbation verlieren. Alle werden mit Fingern auf mich zeigen. Ein ehemaliger Arzt werde ich sein, alle werden mich verachten. Ich werde unter der Donaubrücke schlafen müssen. Ich kann es nicht tun. Es ist verboten.*

„Tust du es?" fragte die Witwe.

„Ja", hauchte er.

„Alois", sagte die Schwarze Witwe. „Du bist ein wahrer Freund. Wenn es mehr Menschen wie dich gäbe, wäre die Welt in besserem Zustand."

Alois nickte. Er war ein braver Junge. Die Mama konnte froh sein, daß der Alois so ein guter Junge war.

„Wirst du mir die Unterlagen aus Feldbach besorgen?"

Er nickte.

„Tu es bald, Alois", sagte die Witwe.
Er nickte wieder.
„Wenn du sie hast, steckst du sie in einen Umschlag und schickst sie mir in die Steiermark", sagte die Witwe.
„In die Steiermark", wiederholte Alois.
„Genau, Alois", sagte die Witwe. „Du steckst alles in einen großen Umschlag und schickst es mir. Ruf gleich heute nachmittag im Landeskrankenhaus Feldbach an und laß dir die Unterlagen von Frau Hirschmann kommen. Walburga Hirschmann."
„Gleich heute nachmittag", wiederholte Alois. „Walburga Hirschmann." Obwohl sein Herz vor Angst klopfte, fühlte er sich beglückt, ja beinahe selig. Es war ihm, als wüßte er jetzt endlich, was er tun mußte, damit die Mama ihn lieb hatte. Er konnte es kaum glauben, es war so einfach. Warum hatte er das nicht schon vorher gewußt? Alles, was er tun mußte, war, die Unterlagen aus Feldbach zu besorgen und ihr zu schicken. Er würde es tun. *Endlich werde ich glücklich sein,* dachte er. Befreit sprang seine Seele in einem blauen Matrosenanzug davon.

Nina sah der Schwarzen Witwe bei der Arbeit zu und dachte: *Woher auch immer sie ihren Namen hat, sie trägt ihn zu Recht.*

Als der einarmige Taxifahrer Winter sie viereinhalb Stunden später wieder zu Hause absetzte, fanden sie das Haus unverschlossen. Der Schlüssel lag auf der Kommode im Vorzimmer. Klara saß allein und verloren auf dem Sofa vor dem kalten Kamin. Sabine war verschwunden. Sie fanden keine Nachricht, weder im Haus noch in der Keusche. Es gab keine Spuren eines Einbruchs. Der Schnee war wieder getaut. Aber auch die feuchte Erde zeigte keine Spuren, die ihnen einen Hinweis gegeben hätten, was geschehen war. Die Sachen, die sie Sabine zum Anziehen gegeben hatten, fehlten ebenfalls.

„Wie kommt es nur, daß ich mich so fühle, als sei ich geohrfeigt worden?" sagte die Schwarze Witwe.

11

„Grüß Gott, gnädige Frau", rief Notburga Würzl mit durchdringendem Blech in der Stimme. Sie stand füllig und derb in der Tür des Hirschmann-Hauses und hob die Hand. Ihre Haare waren zu einer drahtigen Dauerwelle frisch aufgerollt und saßen wie ein Helm um ihren Kopf.

„Grüß Sie, Frau Würzl", antwortete die Schwarze Witwe und betrachtete mit Abscheu den buntgeblümten Hauskittel aus bügelfreier Kunstfaser, in den die Würzl ihren wie aus einem Stück gehauenen Leib gezwängt hatte. Sie tat, als sei sie in Eile und nicht etwa nur deshalb ins Dorf gekommen, um die Würzl zu treffen und auszuhorchen. „Ja, Frau Würzl", sagte sie betont wie verlogen erstaunt. „Was tun Sie denn beim Herrn Hirschmann? Sind Sie die neue Putzfrau?"

„Nein", keckerte die Würzl. „Ich wohne jetzt hier."

„Ja, was", sagte die Witwe. „Wohnen? Wieso denn wohnen? Sind Sie am Ende Haushälterin geworden?"

„Nein", keckerte die Würzl wieder. „Ich bin verlobt mit dem Herrn Hirschmann." Ihr Gesicht leuchtete rot vor Stolz.

„Was Sie nicht sagen, Frau Würzl", sagte die Witwe. „Verlobt? Da schau her. Noch vor dem Ende des Trauerjahrs! Was sagt denn der Herr Pfarrer dazu? Ist das überhaupt erlaubt?"

„Der weiß es gar nicht", sagte die Würzl und war ganz verwirrt, daß die Dame aus der Stadt nicht so beeindruckt zu sein schien, wie sie es erwartet hatte, sondern statt dessen ohne Umschweife ihr Mißfallen ausdrückte. *Wenn nur der Pfarrer nichts davon erfährt,* dachte sie unsicher. *So eine wie die ist bestimmt eine G'studierte. Wenn die nur nicht mit dem Pfarrer spricht.* Sie sah schon Hirschmanns verschlossene Miene vor sich und nestelte an ihrer Kittelschürze.

Die Schwarze Witwe bemerkte die Verwirrung auf Notburga Würzls rundem Gesicht und fand es einen passenden Zeitpunkt, mit ihren Erkundigungen zu beginnen. „Sagen Sie, ist die Pflegetochter vom Buchner bei Ihnen?"

„Bei mir? Wieso denn bei mir?" fragte die Würzl. „Bei mir ist sie nicht. Das war sie noch nie."

„Ja, wo ist sie denn?" fragte die Witwe scheinheilig.

Die Würzl spürte irgendwie, daß die Dame aus der Stadt sie aushorchen wollte, und blickte mißtrauisch aus kleinen, verständnislosen Augen. „Fort ist sie", sagte sie und wich ein wenig ins Haus zurück.

„Ja, wohin denn?" fragte die Witwe. „Ist sie nicht beim Buchner drüben?"

Die Würzl schob die Haustür ein Stückchen zwischen sich und die kleine dunkle Städterin. „Warum wollen Sie das denn wissen?"

„Ach, ich dachte nur, die Kleine könnte bei uns ein wenig das Haus putzen", sagte die Schwarze Witwe. „Diese jungen Leute verdienen sich doch gern ein wenig nebenbei."

„Ach so, ach ja", lachte die Würzl. „Wenn ich das früher gewußt hätte, wäre ich putzen gekommen. Aber jetzt ist es zu spät. Mein Verlobter will nicht, daß ich arbeite."

„Ja ja, die Männer", sagte die Schwarze Witwe und holte tief Luft. *Du dummes Weib,* dachte sie. *Dein Verlobter muß verrückt sein, daß er dich ins Haus geholt hat mitsamt deiner Mischpoke. Aber ich kriege schon noch heraus, was dahinter steckt. Jetzt muß ich zuerst einmal mein verlorenes Heimkind wiederfinden.*

„Also, wo ist die Kleine?" fragte sie.

„Das weiß ich nicht", rief die Würzl. „Mein Verlobter hat gesagt, ich darf nicht sagen, wo sie ist."

„Sie ist also verschwunden?" fragte die Witwe lauernd.

„Nein!" rief Notburga und fühlte sich in Bedrängnis. Sie wußte nicht, wie sie die Fremde wieder loswerden konnte. „Verschwunden ist sie nicht. Der Buchner weiß nur nicht, wo sie ist. Aber ich darf es nicht sagen, sagt mein Verlobter."

„Ja, und warum nicht?" Die Witwe sah so harmlos aus wie ein frisch gewaschenes Plüschbärchen. „Warum hat der Herr Verlobte denn etwas dagegen?"

Notburga Würzl spürte den stolzen Triumph, als die Dame aus der Stadt *der Herr Verlobte* sagte, und vergaß alles Mißtrauen gegen die Fremde und ihre für sie undurchschaubaren Absichten. „Das Gfrast ist davongelaufen", rief sie anklagend und hob die Stimme wieder zum durchdringenden Blech. „Auf und davon. Bei Nacht und Nebel. Ist nimmer kommen. Und der Seppi, also mein Verlobter, der Herr Hirschmann hat gesagt, ich soll's für mich behalten. Gibt nur Gerede. Wir brauchen hier keine... keine... keine...", sie suchte nach dem passenden Wort, „Schnüffler."

„Wie wahr", sagte die Schwarze Witwe und starrte sie mit undurchdringlicher Miene an. *Wie gut, daß du deinen Mund nicht halten kannst,* dachte sie. Dann holte sie Luft, als ob sie noch etwas sagen wollte. Aber sie überlegte es sich anders und wandte sich zum Gehen. „Meine Empfehlung an den Herrn Verlobten." Aus ihrem Mund klang es wie ein Fluch.

„Wollen Sie nicht hereinkommen, gnädige Frau", rief die Würzl ihr nach. „Auf einen Kaffee. Ich brüh' ihn schnell auf."

Die Schwarze Witwe hob ihre schwarzbehandschuhte Hand und winkte ab. „Ich habe keine Zeit. Vielleicht ein andermal." Sie eilte die Straße entlang. Es sah aus, als wollte sie dringend soviel Entfernung wie möglich zwischen sich und Notburga Würzl bringen.

Auf der Straße von Wiersdorf kam ihr der schwere Geländewagen des Tierarztes entgegen. Selbst im Vorbeifahren konnte sie erkennen, daß Winterbauers Gesicht vom Alkohol ganz aufgedunsen wirkte. Auf der Beifahrerseite schaute ein Yorkshireterrier aus dem Seitenfenster.

Notburga Würzl merkte nichts davon. Sie war tief enttäuscht über die verpaßte Gelegenheit. Nur zu gern hätte sie der Schwarzen Witwe ihr neues Reich gezeigt. Allein der Geschirrspüler. Und der Wäschetrockner. Und die Bar im Wohnzimmer mit den vielen bunten Flaschen. Die schwarze

Ledergarnitur. Und der Tisch aus Rosenholz, oder war es Walnußwurzel? Haselnuß? Jetzt hatte sie es schon wieder vergessen. Heute abend, wenn der Seppi heimkam, würde sie ihn noch einmal fragen. Aber von der gnädigen Frau sagte sie ihm besser nichts, das nahm sie sich fest vor.

12

Die gnädige Frau rülpste, nachdem sie das Glas Clausthaler classic auf einmal geleert hatte, und wandte sich wieder der Liste mit möglichen Gründen für Sabines Verschwinden zu.

„Ich zähle dir jetzt alles auf, was ich notiert habe, und du sagst mir, welches spontane Gefühl du dabei hast", sagte sie.

Nina kniete auf dem Boden, legte den Zwölfer-Schlüssel in das passende Fach des Werkzeugkastens zurück und suchte nach dem nächstgrößeren, um die Muttern vom Messer des Balkenmähers lösen zu können. „Fang an", sagte sie. „Ich höre dir zu. Wo ist denn nur dieser Schlüssel? Ich hatte den Vierzehner doch beim letztenmal zurückgelegt, ich weiß es ganz genau." Sie kramte in einer verrosteten Blechschachtel, die neben ihrer blitzblauen, blitzsauber aufgeräumten Werkzeugkiste stand und in der sie abgebrochene Schrauben, verbogene Nägel und pensioniertes Werkzeug aufbewahrte. Dann wandte sie ihr Gesicht der Schwarzen Witwe zu, die in der Tür zum Schuppen stand, der gleichzeitig Werkstatt und Abstellkammer für die landwirtschaftlichen Geräte war. „Fang an", wiederholte sie.

„Konzentriere dich bitte, aber fixiere dich nicht. Tu so, als hörtest du ganz absichtslos zu", forderte die Witwe sie auf.

„Klar", sagte Nina. „Ich murkse hier an dem Gerät herum, das hilft mir, absichtslos zuzuhören. Verdammtes Ding. Geh endlich auf."

„Sie ist ein unstetes, psychisch gestörtes Heimkind und hält es nirgends lange aus", sagte die Witwe und sah Nina fragend an.

Nina schüttelte den Kopf. „Mein Inneres sagt nein."

„Also nein", murmelte die Witwe und strich diesen Posten von ihrer Liste. „Sie ist vom Buchner-Bauern geholt worden."

Nina schüttelte wieder den Kopf. Sie hatte endlich den passenden Schlüssel gefunden und versuchte angestrengt, die erste der festgerosteten Muttern zu lösen.

„Hätte mich auch gewundert", sagte die Witwe. „Laut Würzl ist Sabine beim Buchner nicht wieder angekommen. Die Würzl hat sicher nicht gelogen. Das war ihr anzusehen." Sie strich auch diesen Posten durch.

„Weiter", sagte Nina und goß Rostentferner auf die Muttern. „Ich höre noch immer völlig absichtslos zu."

„Sie ist entführt worden."

„Mir wird schlecht", sagte Nina.

„Wunderbar", sagte die Schwarze Witwe und nahm ihr die Dose mit dem Rostentferner aus der Hand. „Dachte ich mir's doch." Dann fing sie Nina auf, die hintenüber sank, und ließ sie sachte zu Boden gleiten. Sie setzte sich neben sie und wartete geduldig, bis Ninas Geist wieder zu ihr zurückkehrte. Etwas anderes konnte sie jetzt nicht tun.

13

Nina wurde beinahe erdrückt von dem massiven Gefühl der Verzweiflung, das im Raum hing, besser gesagt, von den Gefühlen – sie stand in einem alten, dunklen aufgelassenen Schweinestall, und die im Raum vorhandene Verzweiflung, die so groß war, daß sie sich nicht aufgelöst hatte, stammte von den unzähligen Tierseelen, die über Jahrzehnte hier ihr kurzes Leben gefristet hatten, um dann als noch nicht einmal Jugendliche im Alter von fünf bis sechs Monaten abtransportiert und geschlachtet zu werden.

Sie wandte sich zu einer verschlossenen Tür, die sie am anderen Ende des Raumes entdeckt hatte, und ging auf sie zu. Sie bewegte sich langsam, wie unter Wasser oder als wäre die Luft dick wie Watte. Als sie die Tür endlich erreicht hatte, legte sie die Hand auf den Türgriff und wollte ihn herunterdrücken.

„Du darfst die Tür nicht öffnen", hörte sie von unten.

So langsam, wie sie gegangen war, wandte sie ihren Blick hinunter. Die Stimme gehörte einem kleinen, was heißt kleinen, einem zwergwüchsigen jungen Mann, der einen altmodischen grünen Anzug trug. Dazu einen Hut mit einer langen Fasanenfeder. Nina fand, daß er eine ziemlich lächerliche Erscheinung war. „Ich will diese Tür öffnen, und ich werde sie öffnen", sagte sie.

„Nein, das wirst du nicht", sagte der Zwerg.

„Versuch's, mich daran zu hindern." Nina griff nach der Türklinke. Als sie sie berührte, verwandelte sich der Türgriff in eine sabbernde, blutige Schweinezunge, die sich bewegte, als ob sie noch zu einem Tier gehörte. Nina schrie auf und riß angeekelt ihre Hand zurück.

„Ich habe dich gewarnt", sagte der Zwerg.

„Wer bist du?" fragte Nina.

„Ich bin zuständig für die Unterstützung eines zu gering entwickelten Selbstwertgefühls", sagte der Zwerg.

„Auf diese Weise wirst du mein Selbstwertgefühl aber nicht heben, mein Lieber."

„Ich bin ja auch nicht für dein Selbstwertgefühl zuständig, Nina Lauffen", erklärte der Zwerg.

„Was tust du dann in meinem hellsichtigen Traum?"

„Das Selbstwertgefühl, dessen Entwicklung ich zu fördern habe, gehört zu Sabine", antwortete er.

„Da warst du aber in der letzten Zeit nicht besonders fleißig", bemerkte Nina spitz.

„Frag dich lieber, wieso du mir in meine Arbeit pfuschst", erwiderte der Zwerg. „Niemand hat dich gerufen. Du bist völlig ohne Auftrag und ohne Erlaubnis hier eingedrungen."

„Ich suche diese Sabine, für deren Selbstwertgefühl du zuständig bist", sagte Nina. „Das ist der Grund für mein Erscheinen. Wo bin ich hier?"

„Du bist in einem Schweinestall, und das Mädchen, das du suchst, befindet sich hinter dieser Tür", sagte der Zwerg. „Und nun geh, du bist schon viel zu lange nicht mehr in deinem Körper. Je länger du wartest, um so schwerer wird es für dich zu verkraften sein, wenn du in ihn zurückkehrst."

„Ich kann doch jetzt nicht gehen, jetzt, wo ich sie gefunden habe", rief Nina.

„Du hast sie gefunden?" fragte die Schwarze Witwe überrascht, denn den letzten Satz hatte Nina laut gesagt.

Nina schlug die Augen auf und verzog das Gesicht. Sie sah aschfahl aus und alt und müde. Vorsichtig bewegte sie ihre Beine und atmete, als müßte sie es noch üben. „Sie ist hinter einer Tür, die sich in einem ehemaligen Schweinestall befindet", sagte sie.

„Hast du gesehen, wo sich der Stall befindet?" fragte die Witwe.

Nina schüttelte den Kopf. „Gib mir mal das Clausthaler herüber", bat sie. „Ich muß was trinken."

Die Schwarze Witwe stand auf und griff nach der Flasche mit dem Rest Bier. Sie reichte Nina die Flasche und wartete, bis diese getrunken hatte.

„Da komme ich ja gerade richtig, um den Durst der Damen zu löschen", sagte eine Stimme hinter ihnen. Beide Frauen drehten sich blitzschnell um, bereit, dem Angreifer ins Gesicht zu springen.

„Stets zu Diensten", sagte Winterbauer, der schwankend in der Tür stand und in der einen Hand eine Flasche irischen Whiskey schwenkte. „Ich dachte, ich mache den Damen meine Aufwartung. Damit sie nicht so einsam sind."

„Machen Sie sich vom Acker, Winterbauer, sonst hetze ich den Hund auf Sie", sagte die Witwe drohend. „Alte Saufköpfe wie Sie sind hier nicht willkommen."

„Welch rauher Wind hier oben weht", sagte Winterbauer und tat, als fröstelte er.

Er stellte die Flasche auf den alten, verrosteten Brennkessel, der zu seiner Linken stand. Dann griff er hinter sich und angelte ein doppelläufiges Gewehr mit abgeknicktem Lauf hervor, das er sich über die Schulter hängte. „Warum gehen wir nicht ins Haus, da ist es doch viel gemütlicher."

Die Schwarze Witwe half der immer noch ein wenig benommenen Nina auf. „Mein lieber Winterbauer", sagte sie. „Sie sind ein miserabler Tierarzt, Sie sind eine traurige Figur, und Sie trinken zuviel. Ich rate Ihnen, nach Hause zu fahren, Ihren Rausch auszuschlafen, und gleich morgen früh gehen Sie zu den Anonymen Alkoholikern."

Sie betrachtete ihn voller Abscheu und dachte: *Wenn ich den morgen früh beschreiben müßte, hätte ich Schwierigkeiten. Mittelgroß, mittelblond, mittelblöd. Nicht jung, nicht alt. Ein ewig zu kurz Gekommener. Diese gelblichen Augen, dieser hündische Blick. Dieses huschige Wesen. Aber er hat etwas Böses. Irgend etwas Böses geht von ihm aus. Wie werden wir den nur wieder los?*

„Hören Sie", sagte Nina, der langsam die Lebensenergie zurückfloß. „Wir haben jetzt keine Zeit für Sie. Kommen Sie ein anderes Mal wieder, und rufen Sie vorher an, damit Sie sicher sind, daß wir dann Zeit für Sie haben."

„Ohoho!" Winterbauer lachte eine lange Whiskey-Fahne mit hinaus. „Sie werden Zeit für mich haben, meine Damen." Er griff zum Gewehr und klappte den Lauf auf.

Die Schwarze Witwe und Nina blickten sich kurz an. Sie waren sich nicht ganz sicher, ob sie die Geste mißverstanden hatten. Nina hob unmerklich und fragend die Achseln. Die Witwe schüttelte ebenso unmerklich den Kopf.

Sie beobachteten den versoffenen Tierarzt wachsam – bereit, jederzeit Widerstand zu leisten.

Langsam zog er das Gewehr von der Schulter und brachte es in Anschlag.

„Das darf nicht wahr sein", murmelte Nina. „Ich glaube es nicht. Ist der verrückt geworden? Was will der?"

„Ja, was will der?" äffte Winterbauer sie nach. „Gehen wir ins Haus, dann werden wir ja sehen, was der will."

Beide Frauen überlegten kurz, ob sie es riskieren konnten, ihn hier im Schuppen zwischen Gerümpel und herumstehendem Gartengerät anzugreifen. Sie verständigten sich stumm durch Blicke und entschieden, ins Haus zu gehen.

„Na bitte, meine Damen", sagte Winterbauer, der mit dem Gewehr im Anschlag hinter ihnen ging. „Ich sage ja immer, eine Frau sagt in Wahrheit niemals nein. Ein richtiger Mann weiß immer zu überzeugen."

„Dafür bring ich dich gleich um", sagte Nina so leise, daß Winterbauer sie nicht hören konnte. „Und zwar ganz langsam." Ihr Gesicht war unbewegt wie eine Maske.

„Laß ihn erst damit herausrücken, was er will", sagte die Witwe ebenso leise zu ihr. „Ich will unbedingt den Grund für sein Auftauchen wissen."

Beide Frauen hatten keine Angst, aber sie waren sich bewußt, daß die Situation gefährlich war. Sie rechneten zwar nicht wirklich damit, daß Winterbauer schießen würde, aber sie wußten beide, daß sie sich dessen nicht sicher sein konnten. Er war betrunken, sie mußten eine irrationale Reaktion mit einkalkulieren.

„Schön langsam und vorsichtig", sagte die Witwe leise zu Nina. „Ein falsches Wort, und er fängt an zu spinnen."

Sie stiegen die drei Stufen zum Hauseingang hinauf, und Nina öffnete die Tür. Sie griff sofort nach Klaras Halsband und hielt den Hund fest, der zur Begrüßung an die Tür gekommen war. „Platz, Klara", sagte sie. „Schön brav sein." Klara sprang wedelnd an Winterbauer hoch. „Instinktloser Hund", schimpfte Nina.

Die Schwarze Witwe grinste. Ihr Grinsen war weit entfernt davon, freundlich zu sein. Eigentlich hatte es die Bezeichnung sardonisch verdient. Winterbauer, der dieses Grinsen nicht bemerkte, konnte nicht ahnen, daß es für ihn nichts Gutes verhieß.

„Sagen Sie mal, Winterbauer", sagte sie. „Wie heißen Sie eigentlich mit Vornamen?"

„Willibald", sagte er.

„Fein, Willibald", sagte die Witwe. „Wie wär's mit einem Schnäpschen? Es ist zwar noch nicht unser Selbstgebrannter, aber er wird Ihnen schmecken. Tut gut, bei dieser Kälte."

Willibald Winterbauer war zwischen seiner Alkoholsucht und seiner Absicht, die beiden Frauen zu bedrohen, in Konflikt geraten. Die Witwe sah ihm die Gier nach Stoff an, aber offenbar war der Grund seines Erscheinens so wichtig, daß er verzichtete. „Später", sagte er. Der Schwarzen Witwe war klar, daß dies für sie und Nina nichts Gutes verhieß.

„Setzt euch, alle beide", befahl er und zeigte mit dem Gewehrlauf zum Sofa vor dem Kamin.

Nina blickte auf die gestapelten Buchenscheite neben dem Kamin und schätzte den Abstand zu Winterbauer ab. „Darf ich Holz nachlegen?" fragte sie. „Es wird kalt." Aber Winterbauer schien ihre Absicht erraten zu haben. Er zog sich ans andere Ende des Zimmers zurück und bedeutete ihr erst dann, daß sie Holz nachlegen könne.

Nina bückte sich nach einem Buchenscheit und legte ihn so umständlich wie möglich in den Kamin. Immer wieder stocherte sie in der Glut und tat, als ob es mehr und mehr zu tun gäbe, um das Feuer wieder auflodern zu lassen.

„Mach schon", sagte Winterbauer. „Setz dich neben deine Freundin. Ich habe nicht ewig Zeit."

Nina ließ sich neben die Witwe auf das Sofa fallen.

„Willibald, Willi", sagte die Schwarze Witwe. „Was ist denn so dringend, daß du uns unbedingt besuchen willst?"

„Reden Sie nicht so herablassend mit mir", sagte Willibald Winterbauer, und seine Stimme erhöhte sich um eine Oktave. „Sie bilden sich wohl ein, Sie könnten einfach so daherkommen und uns alles verderben. Kommen aus der Stadt daher und geben keine Ruhe. Aber das werde ich euch gründlich versalzen. Ihr glaubt wohl, ihr seid was Besseres. Nichts seid ihr. Gar nichts. Ein Dreck seid ihr. Schert euch wieder weg von hier, ihr... ihr... ihr..." Er suchte nach einem passenden Schimpfwort.

„Willibald", sagte die Witwe. „Komm zur Sache."

„Ich komme schon zur Sache", kreischte Winterbauer. „Ich komme so zur Sache, daß ihr schauen werdet. Wie würde es dir gefallen, wenn ich deine kleine Freundin hier vor deinen Augen vernaschen würde?"

„Das würde mir gar nicht gefallen, Willibald", erwiderte die Witwe. „Aber ich weiß, dir würde das auch gar nicht gefallen. Wie wär's statt dessen mit einem Schnäpschen?"

„Los, du", kreischte Willibald Nina an. „Hol mir den Schnaps, du Schlampe."

Nina erhob sich und ging in die Küche.

„Die feine Dame spielen", krakeelte Winterbauer weiter und blickte mit wirren Augen auf die Schwarze Witwe. „Ihr seid nichts als Scheißweiber wie alle anderen auch. Dumme, blöde Scheißweiber." Er holte tief Luft. Der Speichel stand ihm in weißlichen Flöckchen in den Mundwinkeln.

Nina kam mit einer Flasche Schnaps und einem Wasserglas zurück. Sie schraubte den Verschluß auf und schenkte das Glas halbvoll.

„Stell es auf den Tisch und setz dich wieder zu deiner Freundin, du Schlampe", sagte Winterbauer, den Blick begehrlich auf den Schnaps geheftet.

Nina stellte das Glas auf das Beistelltischchen und ging hinüber zur Schwarzen Witwe. Winterbauer hastete die drei Schritte, die ihn von seinem Lebenselixier trennten, auf das Glas zu und nahm einen kräftigen Schluck.

„Prost, Willibald", sagte die Schwarze Witwe mit einem Lächeln, so falsch wie ein farbkopierter Tausend-Schilling-Schein.

Winterbauer schien sich ein wenig zu beruhigen. Er wischte sich die bespeichelten Mundwinkel mit dem Ärmel seines grünen Parkas und betrachtete die beiden Frauen, die nebeneinander auf dem Sofa saßen, voller Haß und Verachtung. Das Gewehr in seinen Händen gab ihm ein gutes Gefühl, beinahe fühlte er sich mächtig und stark. Er wußte, daß die beiden vor Todesangst zitterten, auch wenn sie ihn jetzt anlächelten, und es war ihm ein Genuß. Am liebsten hätte er in ihrer Todesangst gebadet. Es steigerte sich langsam zu einem Hochgefühl, wie er es nie gekannt hatte, und er stellte sich vor, wie er gleich die Jüngere schnappen würde, und dann würde er... Irritiert suchte er in seinem Inneren nach sexuellen Gefühlen und fand sie nicht. *Ach, was soll's*, dachte er, *dies ist besser als Sex. Ich werde sie auf die Knie zwingen. Ich werde so tun, als ob ich sie exekutiere. Sie wird schreien und mich um Gnade anflehen.*

„Du da", sagte er böse zu Nina. „Komm her zu mir."

Nina sah die Schwarze Witwe aus den Augenwinkeln fragend an. Diese nickte unmerklich. „Jetzt", sagte sie unhörbar.

Nina sammelte sich innerlich. Sie stand langsam auf und ging auf Winterbauer zu. „Ich komme schon, mein Schatz", sagte sie und schaute lüstern, wie sie es mal in einem Film gesehen hatte.

Winterbauer starrte sie anfänglich verdutzt, dann ungläubig, dann geschmeichelt an. Er sah eine großgewachsene, schlanke Frau auf sich zukommen und wußte nicht, was er tun sollte. Mit einem Mal war ihm, als schleiften seine Arme unbeholfen auf dem Boden, als würde er gleich über seine Füße fallen.

Sie stand vor ihm. „Na, Kleiner, wollen wir ein bißchen Spaß haben?" Sie drängte sich an ihn, bis sie ihn an die Wand geschoben hatte. Mit der einen Hand drückte sie langsam das Gewehr zur Seite, mit der anderen griff sie ihm an die Hose. Er spreizte die Beine, um es ihr leichter zu machen. Seine Wangen röteten sich erwartungsvoll. Als sie seine Hoden ertastet hatte, umschloß sie sie mit der ganzen Hand und drückte blitzschnell fest und ohne Gnade zu, bis ihr die Hand zu schmerzen begann. In diesen Druck legte sie all den Zorn, den sie seit Jahren mit sich herumtrug, der sich aus den unzähligen kleinen und großen Übergriffen männlicher Überheblichkeit, die ebenso alltäglich wie unerträglich war, in ihr aufgestaut hatte.

Trotz der geschlossenen Fenster und Türen war sein gellender Schrei bis tief in den Wald, vielleicht sogar bis in die umliegenden Dörfer zu hören.

„Willibald, die Hose knallt", sagte Nina böse.

Dann drehte sie den in sich zusammengesunkenen Tierarzt, der noch immer nach Luft rang, auf den Bauch und drehte ihm den rechten Arm auf den Rücken, während sie mit ihrem ganzen Gewicht auf ihm kniete. „Schnell, such irgendein Band", rief sie der Schwarzen Witwe zu.

Die Schwarze Witwe kramte bereits in der Kommode im Vorzimmer. Endlich fand sie einige der festen Kunststoffbänder, mit denen Strohballen zusammengehalten werden.

Nina umwickelte seine Handgelenke mit dem orangeroten Band und verknotete es. Dann drehte sie ihn wieder auf den Rücken und stand auf.

„So, du widerliches Schwein", sagte sie eisig. „Jetzt geht es dir an den Kragen. Die Schlampe wird dich jetzt zu Leberwurst verarbeiten."

Sie stellte einen gestiefelten Fuß auf seinen Kehlkopf und drückte sachte zu. Winterbauer öffnete den Mund, als wollte er schreien. Sein Gesicht lief rot an. Die Augen traten ihm aus dem Kopf. Er röchelte und schnappte nach Luft.

„Nina, komm zu dir", sagte die Witwe und zerrte sie von Winterbauer fort. „Laß ihn, ich will wissen, was er wollte."

„Das wirst du gleich erfahren, mein Schatz", sagte Nina. „Ich kenne einige Methoden, um den Herrn zum Sprechen zu bringen." Sie versetzte ihm einen Tritt in die Rippen.

„Hör jetzt auf", sagte die Witwe. „Vielleicht redet er auch ohne Schläge. Wie wär's mit einem Schnäpschen, Willibald?"

„Verpiß dich!" schrie Willibald.

„Aber Willibald", sagte die Schwarze Witwe. „Du bist doch Akademiker. Und dann solche ordinären Reden?"

Nina trat ihm erneut in die Rippen. „Hier, mein Lieber, das ist der feministische Crash-Kurs in gutem Benehmen für Schweine wie dich."

„Nina", sagte die Schwarze Witwe. „Wie redest du denn mit dem Herrn Doktor." Sie wandte sich zu dem am Boden liegenden Mann. „Willibald, nun mal im Ernst, was wolltest du hier? Warum bedrohst du uns?"

„Verschwindet von hier", stieß er hervor.

„Du meinst, wir sollen von hier fortziehen?" fragte die Witwe.

Er nickte.

„Hast du neulich auf uns geschossen?"

Er antwortete nicht.

Nina stieß ihm wieder die Stiefelspitze in die Rippen. „Antworte gefälligst. Die Dame hat dich etwas gefragt."

„Ja", schrie er. „Ich hätte euch jederzeit treffen können. Ich habe absichtlich danebengeschossen."

„Das ist nett von dir, Willibald", sagte die Schwarze Witwe. „Aber ich glaube, jetzt werde ich auch langsam böse auf dich. Warum schießt du auf uns? Warum bedrohst du uns? Was haben wir dir getan?"

„Mir?" fragte der Tierarzt. „Mir habt ihr nichts getan. Aber der Hirschmann will, daß ihr euch schleicht."

„Der Hirschmann?" fragte die Witwe. „Was hat denn der gramgebeugte Witwer gegen uns, Willibald?"

„Weiß ich nicht", sagte er. „Nur schleichen sollt ihr euch."

„Willibald, da machst du einfach mit? Was hast denn du damit zu tun? Ich verstehe das nicht. Du bist der Tierarzt hier. Du hast einen Ruf zu verlieren. Du kannst dir doch an allen zwanzig Flaschenhälsen einer Bierkiste ausrechnen, daß du Ärger bekommst, wenn du dich bei uns so aufführst. Oder glaubst du, wir hätten deinen Besuch auf sich beruhen lassen, auch wenn Nina dich nicht überwältigt hätte?"

Winterbauer sah aus, als ob ihm jemand den Stecker herausgezogen hätte.

„Ich weiß schon, Burschi, es ist der Schnaps", sagte die

Witwe nach einer Pause. „Du mußt damit aufhören. Du wirst dich noch umbringen."

„Ist schon gut, Florence Nightingale", sagte Nina. „Komm auf den Teppich zurück. Vor uns liegt einfach nur ein stinkender Widerling, der eigentlich dringend auf die nächste Mülldeponie gehört."

„Warum machst du mit?" beharrte die Witwe.

Winterbauer schwieg.

„Ich bringe dich schon zum Reden, Burschi", sagte Nina drohend.

„Hör auf", sagte die Witwe. „Wir müssen überlegen, was wir mit ihm machen."

„Mülldeponie", beharrte Nina.

„Polizei ist sinnlos", sagte die Schwarze Witwe. „Außerdem braucht er einen Denkzettel – und sein Auftraggeber auch."

Unruhig ließ Winterbauer seine kleinen gelblichen Augen hin und her huschen. Ihm wurde klar, daß er die beiden nicht nur völlig unterschätzt hatte, sondern daß er ernsthaft in Gefahr war. Diese Frauen waren zu allem fähig.

Die beiden Frauen verließen das Zimmer und überließen Winterbauer düsteren Vorahnungen und einer ungestillten Sehnsucht nach einem kleinen beruhigenden Schluck. Nur Klara nahm sich seiner an und leckte ihm liebevoll und sorgfältig das Gesicht. Als die beiden Frauen Minuten später zurückkamen, verrieten ihre zufriedenen, heiteren Gesichter, daß sie inzwischen beschlossen hatten, worin der Denkzettel bestehen sollte.

„So, mein Lieber", sagte Nina strahlend. „Hosen runter. Du wirst schöngemacht." Sie zog ihm Schuhe und Strümpfe aus und stellte sie beiseite. Sie streifte ihm die Hose und auch die Unterhose herunter, wobei sie seinen strampelnden und nach ihr tretenden Beinen geschickt auswich. Die Schwarze Witwe griff sich das Paar selbsthaftender Netzstrümpfe, das sie aus alten Schauspielerinnentagen aufbewahrt hatte, und streifte ihm erst den einen und dann den anderen über seine behaarten Beine. „Wunderbar, die Größe kommt ungefähr hin", bemerkte sie zufrieden.

„So, Herr Doktor", sagte Nina. „Und nun fahren wir mit dem Auto spazieren."

Als Josef Hirschmann eine halbe Stunde später vor sein Haus trat, weil er geglaubt hatte, ein Geräusch gehört zu haben, fand er den Veterinärmediziner Dr. Willibald Winterbauer bäuchlings vor der Tür auf dem kalten Boden liegend, Füße und Hände zusammengebunden und von der Taille abwärts mit nichts als einem Paar Netzstrümpfen bekleidet. In seinem Hintern steckte ein Tannenzweig, an dem ein Zettel befestigt war. Auf dem Zettel stand: *Willibald, die Hose knallt*.

14

Nach diesem Ereignis war nichts mehr so wie vorher. Nicht für Winterbauer, nicht für Hirschmann und nicht für das ganze Dorf. Und das galt auch über das Dorf hinaus für die gesamte Region, die etwas Derartiges noch nie verzeichnet hatte. Zumindest nicht, soweit die Ältesten sich zurückerinnern konnten. Wenn auch angenommen werden muß, daß die feineren Nuancen der Retourkutsche von den meisten nicht erkannt wurden – so wurde der Tannenzweig sicherlich nicht als Anspielung auf die kommende Adventszeit verstanden, obwohl er von der Schwarzen Witwe so gemeint gewesen war (Nina wollte ihm ursprünglich noch ein wenig Lametta draufgeben, sie konnte es in der Eile nur nicht finden). Der in seiner Aufmachung stark veränderte, postwendend zurückgeschickte Veterinärmediziner schlug ein wie eine Bombe. Als die beiden Frauen ihn bei seinem Auftraggeber abluden, hatten sie den Eindruck, daß das Dorf menschenleer war, aber sie lebten bereits lange genug auf dem Land, um zu wissen, daß hinter jeder Gardine mindestens ein Paar Augen den Vorgang beobachtet hatte.

Der Tierarzt war nicht sehr beliebt im Bezirk, woran nicht nur seine Alkoholsucht schuld war. Darum gehörte Schadenfreude durchaus zu den Reaktionen der Dorfbewohner. Auch Hirschmann, der eher respektiert und gefürchtet wurde und mit seinem protzigen Lebensstil den Neid manches hart arbeitenden Bauern herausgefordert hatte, konnte nicht auf viel Sympathie bei seinen Nachbarn rechnen. Das mochte der Grund gewesen sein, weshalb die Geschichte sich wie ein Lauffeuer bis in die Bezirkshauptstadt verbreitete.

Als der Briefträger Schnürl am nächsten Nachmittag einen großen, braunen Briefumschlag aus Wien brachte, blitzten seine Augen, denn Hirschmann gehörte zur Schwarzen Partei, während er seit seinem sechzehnten Lebensjahr zu den Roten gehörte. Die Schwarze Witwe hatte allerdings den Eindruck, als ob er merklich auf Distanz blieb. Schnürl, der selbst eine lokale Berühmtheit war – immerhin war er in der Kleinen Zeitung, sogar mit Foto, als einer der drei Briefträger vorgestellt worden, die in der Steiermark die weitesten Strecken zu ihren Kunden zurücklegen mußten, was auch erklärte, warum er den beiden Frauen die Post grundsätzlich erst am Nachmittag brachte –, stieg eilig wieder in seinen Geländewagen und fuhr davon.

Auf dem Weg ins Haus befühlte die Schwarze Witwe den Brief. *Der gute alte Leopolter,* dachte sie zufrieden. *Hat er sich also doch getraut.* Sie bezwang ihre Neugier und öffnete den Brief erst in der Küche mit Hilfe eines Kartoffelschälmessers.

„Zeig schon her!" Nina griff nach dem Stapel Papier, den die Witwe aus dem Umschlag gezogen hatte.

„Du wirst es abwarten können", sagte die Witwe und verzog sich mit den Papieren an das andere Ende des Tisches. Oberflächlich darin blätternd setzte sie sich hin und schenkte sich ein Glas Rotwein ein.

„Was steht denn drin?" rief Nina ungeduldig. Sie stellte sich hinter die Schwarze Witwe und sah ihr über die Schulter. „Intensivstation", sagte sie dann. „Ich verstehe."

„Da kommt jeder mit einem Schlaganfall zuerst einmal hin", sagte die Witwe.

„Meine Göttin", rief Nina. „Was heißt denn all das lateinische Zeug, das kann ja keine Sau verstehen."

„Reinstes Herrschaftswissen", sagte die Schwarze Witwe. „Aber sieh mal hier. Was der Leopolter doch für ein fürsorglicher Freund ist." Sie zog als unterstes Schriftstück ein eng beschriebenes Blatt Papier hervor. „Liebe starke Frau", las sie vor. „Heirate mich... Hat denn dieser Mann nichts anderes im Kopf als seine Hormone? Aber wenn ich an den guten Willibald denke, scheinen diese Typen nicht nur ihre Hormone im Kopf, sondern ihren Verstand in der Hose zu haben." Dann vertiefte sie sich in Leopolters weitere Ausführungen.

„Ich verstehe", murmelte sie.

„Lies schon vor", sagte Nina. „Oder willst du, daß ich vor lauter Neugier platze."

„Er schreibt", sagte die Schwarze Witwe, „daß es zutrifft, daß Walburga Hirschmann während ihres Aufenthaltes in der Intensivstation an einer für die Ärzte unerklärlichen Darminfektion erkrankt ist, die sich jeder gängigen medizinischen Behandlung widersetzte. Weiter schreibt er, daß ihr Schlaganfall eher leicht gewesen war, sie hätte gute Chancen gehabt, sich bald zu erholen. Allerdings habe sie aufgrund der Darminfektion für ein paar Tage sogar künstlich ernährt werden müssen, weil sie kein Essen bei sich behielt und stark an Gewicht verloren hatte. Der behandelnde Arzt, ein gewisser Dr. Fidelsberger, habe ihrem Mann mitgeteilt, daß er in einem Fachblatt einen Aufsatz über die rätselhafte Darmerkrankung veröffentlichen wollte. Hirschmann habe ihm das aber zu verbieten versucht. Drei Tage später, Walburga Hirschmann habe gerade begonnen, sich ein wenig zu erholen, habe er seine Frau gegen Anraten der Ärzte auf eigenes Risiko aus dem Spital genommen." Sie ließ den Brief sinken und dachte nach. Dann blätterte sie in den Papieren. „Moment mal. Wann ist die Hirschmann entlassen worden? Da haben wir es ja. Am 25. Oktober. Einen Tag vor dem Nationalfeiertag. Drei Tage später war sie tot."

„Warum gehen wir nicht zu diesem Fidelsberger und quetschen den ein wenig aus?" schlug Nina vor.

„Und was sollen wir ihm sagen? Daß wir einen angesehenen Neurologen aus Wien dazu gebracht haben, die Schweigepflicht zu brechen? Wir werden ihm erklären müssen, wieso wir davon wissen."

„Ach was. Wir behaupten einfach, der Hirschmann hätte es uns erzählt."

„Nina! Sei nicht so weltfremd. Wenn wir keine Verwandte sind, bekommen wir keine Auskunft."

„Wir könnten ihm doch sagen, daß wir Journalistinnen sind, die über Fälle von Darminfektionen berichten", überlegte Nina.

„Mein Engel", sagte die Witwe. „Dann würden wir das Krankenhaus im Tiefflug verlassen, und zwar noch bevor wir zu Ende geredet hätten. Ärzte trauen Journalisten nicht. Schon gar nicht solchen, die über ungeklärte Krankheitsfälle in Spitälern berichten wollen."

„Dann bleibt uns nur eins. Wir müssen uns als Verwandte von ihr ausgeben."

„Ja, unsere liebe alte Tante Walburga", sinnierte die Witwe. „Das könnte es sein. Ich hoffe nur, daß er den Hirschmann nicht näher kennt. In dieser Gegend ist doch jeder mit jedem verwandt."

„Eine andere Möglichkeit haben wir nicht", gab Nina zu bedenken.

„Es wird jedenfalls nicht ganz einfach sein, einem Krankenhausarzt plausibel zu machen, warum uns diese Angelegenheit interessiert", sagte die Witwe.

15

Nicht daß ihnen das Schicksal der verschwundenen Sabine nebensächlich erschienen wäre. Aber der Angriff des versoffenen Tierarztes hatte den beiden Frauen mehr zugesetzt, als sie sich eingestehen mochten. Vor allem die kämpferische Nina war tief in ihrer sensiblen Seele getroffen. Zu diesem Zeitpunkt ging es ihr um mehr als nur den Tod der Walburga Hirschmann. Ihre Aktivitäten hatten ihre Ursache auch in einer Art nachträglicher Gegenwehr. Die Schwarze Witwe kannte dieses Bedürfnis aus ihrer Zeit in Wien, als sie Frauen betreut hatte, die Opfer einer Vergewaltigung oder sexuellen Mißbrauchs waren, und sie wußte um die heilende Wirkung solcher nachträglichen Gegenwehr. Es war so etwas wie der Versuch, die Erfahrung der verletzenden Übergriffe auszuradieren. Wie oft hatte sie den Opfern geraten, die Tortur der polizeilichen Anzeige und des anschließenden Gerichtsverfahrens auf sich zu nehmen. Nie hatte sie gedacht, daß sie selbst einmal zur Selbstheilung greifen müßte.

So kam es, daß sie das ungeklärte Schicksal des Heimkindes Sabine wie eine heimliche Wunde in ihrem Inneren mit sich herumtrug, während sie nach außen zupackend und zielstrebig das Landeskrankenhaus ansteuerte, um in der Aufklärung des rätselhaften Todes der Walburga Hirschmann einen Schritt weiterzukommen.

Helmuth Fidelsberger, diensthabender Arzt auf der kleinen neurologischen Abteilung des kleinen Provinzkrankenhauses, sah ungehalten auf das Frauenpaar, das in der Tür zu seinem Büro stand.

„Was kann ich für Sie tun?" Sein Ton ließ keinen Zweifel

daran, daß er nicht beabsichtigte, irgend etwas für sie zu tun, es sei denn, eine von ihnen wäre ein einzigartiger Fall.

„Ich bin die Nichte von Walburga Hirschmann", sagte Nina. „Und wir hätten gern eine Auskunft von Ihnen, was die Krankheitsumstände meiner Tante angeht." Sie versuchte sich in der Darstellung der trauernden Hinterbliebenen und fand sich durchaus glaubhaft.

Die Schwarze Witwe schwieg in vornehmer berechnender Zurückhaltung. Sie betrachtete den jungen Arzt und war sich sicher, daß er mit Nina kooperieren würde.

„Hirschmann, Hirschmann." Fidelsberger suchte in seinem Gedächtnis nach einem Anhaltspunkt. „Ach ja, das ist ja der Fall, der plötzlich aus Wien angefordert wurde." Er lächelte. „Ich hatte ganz schön zu tun, bis ich die von der Inneren überzeugt hatte, daß ich die Unterlagen nach Wien schicken durfte. Es war aber auch eine zu merkwürdige Angelegenheit."

„Merkwürdig?" faßte Nina nach.

Fidelsberger sah sie irritiert an. „Ach nein", sagte er. „Merkwürdig nur aus medizinischer Sicht. Das ist für Sie nicht weiter von Bedeutung."

„Ich verstehe von solchen Dingen nichts", sagte Nina. „Was war denn aus medizinischer Sicht merkwürdig an der Erkrankung meiner Tante? Ich dachte, sie hätte einen Schlaganfall gehabt. Das kommt doch häufiger vor."

Der junge Arzt war hin und her gerissen. Es tat ihm gut, daß die junge Frau ihn in seiner ärztlichen Kompetenz offenbar sehr ernst nahm, was ihm, seit er Assistenzarzt geworden war, nur selten widerfuhr, und andererseits war er in seinem Ehrgeiz alarmiert, hatte er doch in der ungewöhnlichen Darmerkrankung der Patientin eine Chance erblickt, sich bereits in jungen Medizinerjahren zu profilieren.

„Sie hatte eine ungewöhnliche Infektion", sagte er. „Es kommt häufiger vor, daß Patienten im Krankenhaus mit Erregern in Berührung kommen und erkranken, weil ihr Immunsystem nicht mehr ausreichend arbeitet. Aber Ihre Tante sprach auf keines der Antibiotika an, die gegeben wurden. Im Gegenteil, es schien, als ob die Antibiotika die Infektion noch anheizen würden. Ich hätte gern einen Aufsatz darüber geschrieben, aber Ihr Onkel hat dafür gesorgt, daß die Patientin auf eigenes Risiko entlassen wurde."

„Ja, das weiß ich alles", sagte Nina. „Sie wissen vielleicht, daß meine Tante in der Zwischenzeit verstorben ist."

„Nein, das wußte ich nicht", sagte Fidelsberger überrascht.

„Sie ist ertrunken", sagte Nina. „Drei Tage nachdem sie aus dem Krankenhaus entlassen worden war."

„Ach", sagte Fidelsberger. „Das tut mir aber leid. Da ist sie sicherlich in die Pathologie nach Graz gebracht worden."

„Wir hätten gern gewußt, ob Sie sich vorstellen könnten, warum meine Tante resistent gegen die Antibiotika war."

„Da gibt es viele mögliche Gründe", sagte Fidelsberger. „Aber nichts ist sicher. Soweit ich weiß, ist Ihre Tante niemals zuvor mit Antibiotika behandelt worden. Sie war offenbar ihr Leben lang kerngesund, obwohl sie sich so ernährt hat, daß sie unbedingt zur Risikogruppe der Schlaganfallpatienten gehört hat. Schweinefleisch, fette Wurst, wenig Gemüse, wenig Bewegung. Ich habe angefangen, mich in der neuesten Fachliteratur umzusehen, weil mich interessiert hat, was dahinter·stecken könnte, aber dann war der Mann dagegen, und kurz darauf war Ihre Tante nicht mehr da."

„Hätten Sie Lust und Zeit, noch einmal in diese Angelegenheit einzusteigen?" fragte Nina.

„Warum?" fragte Fidelsberger, langsam stutzig geworden.

„Meine Tante war für mich wie eine Mutter", log Nina, und die Schwarze Witwe blickte unbeteiligt zum Fenster hinaus in der Hoffnung, daß der junge Arzt nicht darüber nachdenken möge, warum sie danebenstand. Sie hörte, wie Nina noch dicker auftrug und eindringlich schilderte, wie sehr ihr daran gelegen war, über die letzten Tage im Leben der guten Walburga informiert zu sein. Sie konzentrierte sich darauf, mit Ninas Gedanken in Verbindung zu kommen, denn sie hatte den Ehrgeiz des jungen Mannes erkannt und hoffte, daß Nina an diesem Punkt ansetzen würde.

„Wäre es nicht interessant für Sie, diesen Fall weiter zu verfolgen?" fragte Nina. „Ich meine, es wäre doch für Sie als Fachmann nicht uninteressant, warum die Krankheitserreger resistent waren."

Die Schwarze Witwe war einmal mehr darüber verwundert, daß die gedankliche Verbindung geklappt hatte.

Fidelsberger nickte. *Warum eigentlich nicht? dachte er. Ich könnte ja zumindest Material zusammentragen, so daß ich, falls ein ähnlicher Fall auftreten sollte, vorbereitet wäre. Immerhin ist es doch möglich, daß andere auch bereits daran arbeiten. Wozu sonst hätte das AKH aus Wien die Krankenunterlagen der Hirschmann angefordert?*

„Ich melde mich in der nächsten Woche wieder bei Ihnen", sagte Nina im Hinausgehen. „Tante Walburga wäre Ihnen ewig dankbar gewesen", rief sie ihm vom Gang aus noch zu.

„Sind Sie wegen der Tasche von der Frau Hirschmann gekommen?" fragte eine Stimme hinter ihnen.

Die Schwarze Witwe und die Amazone drehten sich überrascht um.

„Die Tasche, die Frau Hirschmann nicht mitgenommen hat", sagte die Krankenschwester. „Sie sind doch von Frau Hirschmann, oder?"

Nina wechselte einen schnellen Blick mit der Witwe und nickte. „Ich bin die Nichte", sagte sie.

„Bitte kommen Sie mit", sagte die Krankenschwester. „Wie geht es Frau Hirschmann denn inzwischen? Hat sie sich wieder erholt?"

„Sie ist tot", sagte Nina. „Wußten Sie das nicht?"

„Ach, die arme Frau", sagte die Krankenschwester und blieb stehen. „Ja, jetzt weiß ich gar nicht, ob ich Ihnen Frau Hirschmanns Tasche überhaupt geben darf. Ich meine, wenn sie tot ist, dann ist das doch Nachlaß. Ich habe geglaubt, die Patientin hat Sie geschickt. Wissen Sie, mit ihrem Mann sind wir nicht so gut zurechtgekommen. Das wußte Frau Hirschmann. Deshalb habe ich geglaubt, daß sie lieber wen anderen zum Abholen schickt."

„Sie können uns die Tasche ruhig geben", sagte Nina. „Mein Onkel hat mich gebeten, sie abzuholen. Er hatte selber leider keine Zeit, sich um diese Dinge zu kümmern."

Beide Frauen waren wild entschlossen, nicht ohne die plötzlich aufgetauchte Tasche zu gehen.

Die Krankenschwester schaute noch immer unschlüssig. „Vielleicht sollte ich doch besser die Oberschwester fragen", sagte sie.

„Das ist eine gute Idee", sagte Nina. „Aber wissen Sie, wir haben es sehr eilig. Mein Auto steht im Halteverbot, und ich muß meine Kinder vom Kindergarten abholen. Die warten schon seit einer halben Stunde. Wo ist denn die Tasche?"

„Hinten, im Schwesternzimmer", antwortete die Krankenschwester. Sie hatte das Gefühl, etwas grundlegend falsch zu machen. Nina drängte sie langsam in Richtung des Schwesternzimmers. „Ich will Sie ja nicht besonders drängen", drängte sie. „Aber vor allem meine kleine Tochter neigt zu Weinkrämpfen, wenn die Mama nicht rechtzeitig da ist. Sie wissen ja, wie das ist."

Die Krankenschwester nickte, obwohl sie keine Ahnung hatte, denn sie war ein Einzelkind und hatte keine Kinder. Als sie vor dem Schwesternzimmer angelangt waren, war sie bereits so in emotionalen Streß geraten, daß sie auch den Kaufvertrag für eine Waschmaschine unterschrieben hätte, wenn Nina ihr Derartiges vor die Nase gehalten hätte. Sie verschwand im Schwesternzimmer und kehrte mit einer häßlichen bunten Plastiktasche zurück.

„Ja, grüß Sie Gott, Herr Hirschmann", sagte sie und blickte an Nina vorbei.

Während Nina nach der Tasche griff, durchfuhren sie Gefühle wie in einem defekten Wagen in einer Achterbahn auf dem direkten Wege nach unten. Einen Sekundenbruchteil überlegte sie, ob sie die Tasche schnappen und davonrennen sollte. Sie verwarf den Gedanken ebenso schnell, wie er in ihrem Kopf aufgetaucht war, und dankte der Göttin für diesen Funken Vernunft.

Auch die Schwarze Witwe durchfuhr ein Schrecken, der in einem Gefühl entsetzlicher Peinlichkeit endete, als wäre sie erwischt worden, wie sie in einem Supermarkt etwas mitgehen ließ. Gleichzeitig wurde sie so ärgerlich, als hätte ihr Lieblingspferd, auf das sie ihr ganzes Vermögen gesetzt hatte, kurz vor dem Ziel gescheut und wäre zum gemütlichen Grasen auf die Wiese galoppiert. Sie blickte begehrlich auf die mit einem Mal unerreichbare Tasche mit ihrem möglicherweise aufschlußreichen Inhalt und drehte sich dann um.

Josef Hirschmann war ein hochgewachsener grobknochiger Mann mit weißem Haar und verlebtem Gesicht. Vor seinen Ohren wuchsen lange Koteletten, als hätte er seit dem Jahre 1978 nicht mehr auf den Kalender geblickt. Das Hemd stand ihm trotz des spätherbstlichen Wetters offen, ein protziges Goldkettchen schmückte seine behaarte Brust über einem bemerkenswert aufgeblasenen Bauch. Er blickte aus glaskalten Augen auf die beiden Frauen.

„Ja, da ist ja Ihr Onkel", sagte die Krankenschwester, froh, die Tasche in die richtigen Hände geben zu können.

Hirschmann griff nach der Tasche, ohne die beiden Frauen aus den Augen zu lassen. „Onkel? Was für ein Onkel?" fragte er.

„Ihre Nichte wollte gerade die Tasche abholen", sagte die Krankenschwester.

„Sie meint eine andere Nichte", meinte Nina und faßte die Schwarze Witwe bei der Schulter.

„Ich habe keine Nichte", sagte Josef Hirschmann.

„Ich auch nicht", sagte die Witwe. „Ist das nicht interessant? Wie ich immer sage, es gibt keine Zufälle. Wollten Sie keine, oder konnten Sie keine bekommen?"

Die Krankenschwester starrte sie verwirrt an.

„Tja, tut mir leid. Es war nett, mit Ihnen zu plaudern, aber wir müssen weiter", sagte Nina und ging langsam rückwärts, immer noch die Witwe an der Schulter führend. „Die Kinder warten. Und ich muß auch noch kochen."

Die letzten Schritte legten sie beinahe laufend zurück.

„Das war knapp", sagte die Schwarze Witwe, als sie sich auf den Beifahrersitz fallen ließ.

„Hoffentlich macht wenigstens der Arzt mit und besorgt uns Informationen über diese Darmerkrankung. Ich habe das Gefühl, als wollte Hirschmann auf jeden Fall verhindern, daß darüber weiter geforscht wird", sagte Nina. „Das ist doch seltsam, oder?"

„Das ist in der Tat seltsam", antwortete die Schwarze Witwe.

Sie fuhren die Hauptstraße entlang und bogen links in die Straße nach Gnas ein.

„Wußtest du, daß sich in Gnas eines der größten Hühner-KZs der Region befindet?" fragte Nina.

„Nein, das wußte ich nicht", sagte die Schwarze Witwe.

„Ich habe uns beim Aktiven Tierschutz angemeldet", sagte Nina.

„Haben wir im Augenblick nicht andere Sorgen?" fragte die Schwarze Witwe geistesabwesend.

Nina steuerte den Wagen durch Gnas hindurch und bog dann rechts ab Richtung Mureck. „Nein, mein Schatz", widersprach sie. „Das mußt du ein wenig anders sehen. Ganz gleich, welche Sorgen wir haben, die armen Tiere haben viel größere Sorgen. Und damit meine ich nicht nur diese armen Hühner, sondern auch die Kühe, die das ganze Jahr über in einem dunklen Stall angekettet stehen müssen, und die zukünftigen Schnitzel, die selbst unter besten Umständen in der traditionellen Stallhaltung gequält werden. Denk nur dran, wie diese reinlichen Tiere den ganzen Tag im eigenen Urin stehen müssen."

„Du hast ja recht, mein Engel", gab die Witwe zu. „Aber jetzt müssen wir uns vordringlich um zwei Dinge kümmern. Wir müssen uns unserer Haut wehren, indem wir aufklären, was mit der alten Hirschmann passiert ist, und wir müssen

Sabine finden. Das ganze auch noch möglichst ohne Polizei, denn die Typen vertrage ich nun einmal nicht, wie du weißt. Ich verspreche dir, daß ich aktiv beim Tierschutz mitarbeiten werde, sobald dieser Fall gelöst ist."

Sie fuhren durch Grabersdorf und bogen hinter der Tischlerei Rinkl Richtung Bierbaum ab. Auf dem Hof an der Kreuzung stand ein kleines weißes Pony, das mit einem Strick um den Hals an einem Pflock angebunden war. Lustlos kaute es an einigen müden Grashalmen.

„Es heißt zwar Aktiver Tierschutz, aber eigentlich ist von uns nicht mehr verlangt, als monatlich einen kleinen Mitgliedsbeitrag zu zahlen", sagte Nina. „Außerdem, wer weiß, wofür es gut ist. Ich meine, sollten wir jemals einen Tierquäler erwischen, wären wir gleich an der Quelle. Eines Tages hängst du mitten in etwas drin und bist froh, Unterstützung zu finden."

16

Der fensterlose Raum wurde durch einen kleinen Ofen warmgehalten. Dennoch vergrub sich Sabine frierend unter ihrer Bettdecke. Sie versuchte, sich in eine Art Dämmerschlaf zu versetzen wie früher im Heim, wenn sie zur Strafe eingesperrt worden war und nichts anderes tun konnte als warten. Sie wußte nicht genau, wie lange sie schon in diesem Zimmer gefangengehalten wurde, aber es war ihr klar, daß ihr nichts weiter als diese Gefangenschaft geschehen würde. In den sechzehn Jahren ihres Lebens hatte sie viele Situationen erlebt, die dieser glichen, so daß sie nicht annähernd so in Panik geriet wie ein behütetes Mädchen. Dennoch war sie sehr verwirrt, denn sie wußte nicht im geringsten, warum sie hier gefangengehalten wurde.

Ihr Rückzug in den Dämmerzustand hinderte sie daran zu bemerken, daß ein Schlüssel im Türschloß gedreht wurde. Suchend tapste eine Hand, an der die Adern stark hervortraten, über die Wand, bis sie den Lichtschalter fand. Im trüben Licht einer 40-Watt-Glühbirne, die von der Decke hing, trat die zur Hand gehörige Person ein. In der anderen Hand trug sie einen nicht mehr ganz sauberen Plastikbeutel mit Äpfeln. „Das wird meinem Schatzerl schmecken", murmelte Frieda und lächelte zahnlos und liebevoll mütterlich.

Sie trug das rostrote Kleid, das ihr die Mutter, die Buchner-Bäuerin, vor einem Jahr heimlich geschenkt hatte, sonst wäre es bei der Sammlung für das Rote Kreuz gelandet, hatte die Mutter gesagt und daß sie es dem Buchner nicht verraten dürfe. Seither trug sie das Geschenk der Mutter jeden Tag, und wie meistens war sie barfuß.

„Schlafe, mein Pupperl, schlaf ein", sang sie leise mit rauher Stimme und strich zärtlich und vorsichtig mit Händen, die grob und groß wie auf einem Bild von van Gogh waren, über die Decke, unter der Sabine sich vergraben hatte. „Schlaf nur, mein Kind. Jetzt, wo ich dich wiederhab'. Du mein Alles. Du mein Lieb", murmelte sie. Dann kicherte sie und trat mit dem Fuß, als wenn sie jemanden Lästiges abwehren wollte. „Verschwinde, du", sagte sie ins Unsichtbare. „Ihr bekommt mein Kind nicht mehr." Kopfschüttelnd erklärte sie der Zimmerecke: „Der graue Mann. Bringt Tod und Verderben. Will mir mein Kindelein fortnehmen. Ihr Schweine", brüllte sie und trat noch einmal nach dem, den nur sie zu sehen vermochte. „Du bleibst bei mir", murmelte sie dann. „Niemand wird dich mehr schlagen. Die Gebenedeite hat dich zu mir zurückgeschickt. Gelobt sei Maria, die Mutter."

Frieda war nicht die erste Wahnsinnige, der Sabine in ihrem Leben begegnet war. Sie fand die Existenz eines unsichtbaren grauen Mannes nicht sonderbarer als ihre Heimleiterin in Graz, die die Kinder aus pädagogischen Gründen grausam quälte und vor einem Jahr eine Auszeichnung für ihre aufopfernde Arbeit erhalten hatte. Da war die selbstverständliche Geborgenheit der Schwarzen Witwe und der Hausamazone schon eher geeignet, daß sie sich wunderte.

Sie kam unter ihrer Decke hervor und richtete sich auf. „Laß mich gehen, Frieda", sagte sie. „Du weißt doch, daß ich nicht dein Kind bin. Ich will zur Schwarzen Witwe zurück. Und tu deine Zähne in den Mund, ich kann dich beinahe nicht verstehen."

„O Baby Baby, balla balla", sang Frieda.

Sabine seufzte.

„Ich bin verrückt", sagte Frieda. „Ich darf alles."

„Du weißt genau, daß sie dich wieder holen kommen, wenn du Blödsinn machst", konterte Sabine. „Laß mich gehen, und steck endlich deine Zähne in den Mund."

Frieda griff in ihre Kleidertasche und putzte das Gebiß am Ärmel ab, bevor sie es in den Mund steckte.

„Aber du bist mein Kind. Die Gebenedeite hat es mir gesagt, du bist mein Lieb."

„Frieda, wenn sie mich bei dir finden, wirst du wieder eingesperrt."

Langsam drang Sabines Warnung in die Tiefen ihrer verwirrten Seele und traf dort auf einen Rest an Verbundenheit mit der allgemein als normal bezeichneten Realität, in der es letztlich auch nicht weniger verrückt zugeht als in Friedas Welt, aber das war dem Heimkind Sabine noch nicht klar.

„Weißt du, wie furchtbar es ist in der Psychiatrie?" fragte sie. „Das ist die Hölle, denn sie lassen dich nicht gehen, wohin du willst." Sie schüttelte sich und machte ein Höllengesicht.

„Siehst du, Frieda, dann weißt du ja, wie es mir jetzt geht. Du bist zwar nicht furchtbar zu mir, aber du läßt mich auch nicht gehen, wohin ich will. Laß mich frei."

„Sie werden dich wieder schlagen, mein Lieb", sang Frieda und hatte Tränen in den Augen. „Wer weiß, wie oft sie dich schon geschlagen haben, seit sie dich von mir genommen haben. Du warst noch klein. So klein. Da haben sie dich nachts geholt und fortgebracht. Aber du siehst, ich habe dich wiedergefunden. Und nun darf niemand dich mehr nehmen, mein Lieb, mein Kindelein."

„Frieda, ich bin nicht dein Kind. Ich bin von Graz. Meine Mutter hat mich ins Heim gegeben. Du bist nicht meine Mutter."

„Ach geh, das haben sie dir vielleicht erzählt, diese Doktoren in der Stadt", winkte Frieda mit Verschwörermiene ab. „Aber wir glauben denen nicht, wir wissen es besser. Schau hier." Sie wühlte in den Taschen ihres Kleides und brachte aus der einen ein zerknittertes und vielfach zusammengefaltetes Papier hervor, das sie so vorsichtig auseinanderfaltete, als könnte es sich bei einer heftigeren Bewegung in Staub verwandeln. „Da, lies."

„Geburtsurkunde. Sabine Edlinger, geboren am 13. Oktober 1978. Mutter Frieda Edlinger. Vater unbekannt." Sie schüttelte den Kopf. „Ich bin sechzehn", sagte sie. „Diese Sabine ist schon achtzehn." Sie drehte das Papier in den Händen. „Du hattest ja tatsächlich ein Kind", sagte sie dann.

„Siehst du, sie glaubt mir", schrie Frieda und trat nach dem grauen Mann. „Mein Kind glaubt mir. Da brauchst du gar nicht so scheußlich zu lachen."

„Wo ist dein Kind?" fragte Sabine.

„Aber Kind!" lächelte Frieda. „Du bist doch hier." Sie nahm die zerfledderte Geburtsurkunde wieder an sich und steckte sie zusammengefaltet in ihre Kleidertasche.

„Ich meine früher. Was ist passiert, als du das Kind geboren hast. Und wer ist der Vater, Frieda?" fragte Sabine.

„Dein Vater, mein Kind, dein Vater, der ist auf dem Weg in die ewige Verdammnis." Sie hob drohend die Faust und schüttelte sie. „Den holt der graue Mann beizeiten. Lang kann es nimmer dauern. Hallelujah!"

Mit fragendem Gesicht beugte sie sich zu ihren Füßen und lauschte aufmerksam. Dann lächelte sie und nickte. „Sie sagen, ich soll dich gehen lassen."

„Wer?" fragte Sabine irritiert.

Frieda blickte das Mädchen erstaunt an. Dann starrte sie wieder auf den Platz vor ihren Füßen und sah dann wieder Sabine an. „Kannst du sie nicht sehen?" fragte sie verdutzt.

„Wen?" Sabine schüttelte fragend den Kopf.

„Das darf doch nicht wahr sein", wunderte sich Frieda. „Der Doktor konnte sie auch sehen. Er hat sogar mit ihnen gesprochen." Ihr Gesicht nahm einen gejagten Ausdruck an, als sie auf einmal Zusammenhänge erkannte, die ihr bis dahin verborgen geblieben waren. „Ich hätte es wissen sollen", sagte sie verächtlich zur Zimmerecke. „Als er sagte, daß sie wollen, daß ich von hier fortgehe, hätte ich es wissen sollen. Das würden sie nie von mir verlangen. Er hat nur so getan. Er konnte sie gar nicht sehen. Nur ich kann sie sehen. Genau wie den grauen Mann." Sie wandte sich zu Sabine. „Bist du sicher, daß du sie nicht siehst?"

„Ich sehe nichts", erwiderte Sabine und schaute vorsichtshalber noch einmal genau vor Friedas nackte schmutzige Füße. „Da ist gar nichts außer deinen Füßen, die auch mal gewaschen werden könnten."

„Das ist gut", kicherte Frieda. „Sie sieht nichts. Und dabei kann sie den Dreck an meinen Füßen sehen. Sie hat gute Augen und kann sie nicht sehen."

„Wer sind sie?" fragte Sabine.

„Zwerge", sagte Frieda.

„Zwerge?" Sabine kicherte, wie Sechzehnjährige kichern, wenn sie sich veralbert fühlen.

„Kleine Leute", erklärte Frieda hilfsbereit. „Sie helfen uns."

„Wie die Heinzelmännchen?" prustete Sabine.

„Genau", sagte Frieda. „Du kennst sie also doch?"

„Klar", sagte Sabine. „Aus dem Märchen." Und wollte sich nicht beruhigen vor Lachen über die verrückte alte Frau.

Frieda beugte sich wieder mit fragend lauschendem Gesicht vor. „Sie sagen, du hättest keinen Grund, dich über sie lustig zu machen. Einer von ihnen paßt auch auf dich auf."

„Echt? Das finde ich stark", sagte Sabine.

Frieda nickte bedeutungsvoll. „Die Kleinen helfen viel. Sie machen dich stark." Sie blickte voll Stolz auf den Platz vor ihren Füßen wie eine Sau auf ihre Schar gelungener Ferkel. Dann verdüsterte sich ihr Gesicht. „Ich weiß es auch nicht. Ich habe ihm geglaubt", sagte sie zu den unsichtbaren Zwergen und hielt sich die Ohren zu. „O Baby Baby, balla balla", sang sie laut und trat nach dem grauen Mann. „Ich will nichts hören", schrie sie dann.

Sabine zog sich vorsichtshalber wieder in die hinterste Ecke ihres Lagers zurück.

Frieda keuchte und war ganz außer sich, dann nahm sie ihr Gebiß wieder heraus und steckte es in die Tasche. „Ich will nichts hören. Und ich sage nichts", mümmelte sie. Gejagt von ihren unsichtbaren Quälgeistern rannte sie hinaus und schlug die Tür hinter sich zu.

Sabine registrierte, daß sie in ihrer Panik vergessen hatte, zuzusperren. Leise zog sie sich an und schlich zur Tür, an der sie lauschend und abwartend stehenblieb. In der Entfernung hörte sie die alte Frieda singen: „O Baby Baby, balla balla." Sie hatte sich also noch nicht wieder beruhigt.

Vorsichtig öffnete Sabine die Tür und schlüpfte in den leeren Schweinestall. Draußen fuhr ein Auto auf den Hof. Sie schlich zum Fenster und sah hinaus.

Willibald Winterbauer und sein Yorkshireterrier stiegen nacheinander aus dem Geländewagen. Der Yorkshire pinkelte gegen den nächsten Zwetschgenbaum, während der Tierarzt umständlich große Bögen Papier, die wie Baupläne aussahen, entfaltete. Weit entfernt unten im Tal konnte Sabine außerdem die Zielscheibe sehen, die der Jagdpächter Leihmann für seine illegalen Schießübungen benutzte.

„Verräter!" hörte sie Frieda brüllen. „Willibald Winterbauer, du bist ein Verräter."

Der Beschimpfte drehte sich um und grinste die schimpfende, aufgebrachte Frieda, die außer Atem auf ihn zugerannt kam, verächtlich an.

„Halt die Gosch'n, du Miststück", schimpfte er zurück.

„Du kannst mich nicht von hier vertreiben", rief Frieda mit rauher Stimme, die genau wie sie bis aufs Äußerste angespannt war.

„Und ob ich kann", keifte Winterbauer zurück. „Denk an deine Zwerge, die haben auch gesagt, daß du gehen mußt."

„Die Zwerge kennen dich gar nicht", rief Frieda. „Du kannst sie gar nicht sehen. Es gibt gar keine Zwerge. Ich habe sie erfunden. Du weißt doch, daß ich verrückt bin. Hier sind überhaupt keine Zwerge." Sie rang nach Luft. „Schsch", machte sie in Richtung ihrer Füße.

Winterbauer betrachtete sie lieblos und tückisch mit seinen in Alkohol eingelegten Augen. „Es ist mir ganz wurscht, ob es deine Zwerge gibt oder nicht. Das weiß ich selber, daß da keine Zwerge sind, du blödes Weib."

„Dann hast du also gar nicht mit ihnen gesprochen?" fragte Frieda schnell.

„Natürlich nicht", erwiderte Willibald. „Das habe ich nur gesagt, damit du von hier verschwindest. Im Frühling kommen die Bagger und reißen alles ein. Dann baue ich meine Supervilla, da kannst du nicht mehr hier sein. Da heißt es ab ins Pflegeheim, du Depperte du."

„Maria, die du gebenedeit bist unter den Gebärenden, ich danke dir", murmelte Frieda. „Beinahe wäre ich auf ihn hereingefallen. Wie konnte ich glauben, daß er die Zwerge sehen kann. Ich habe wirklich gedacht, er wäre einer von uns. Ich habe lebenslanges Wohnrecht", trumpfte sie auf. „Bin der Buchnerin ihr lediges Kind. Ich darf hier wohnen. Der Hof gehört dem Buchner-Bauern. Fort, du Troglodyt."

„Du was?" fragte Willibald perplex.

„Ich weiß es nicht", sagte Frieda. „Sie haben gesagt, du bist ein Troglodyt."

„Wer hat das gesagt?" fragte Willibald nach.

„Niemand", sagte Frieda schnell. Sie machte eine Handbewegung, als wollte sie eine Schar Hühner vor ihren Füßen verscheuchen.

Der Tierarzt starrte die Verrückte nachdenklich an. *Woher*

kennt sie solche Ausdrücke? fragte er sich. *Sie ist nicht einmal richtig in die Schule gegangen, die Depperte.*

„Du hast kein Wohnrecht mehr, Frieda", sagte er. „Ich habe den Hof von deinem Stiefvater gekauft. Bald kommst du fort. Besser gehst du von allein, sonst muß ich die Polizei holen, und die sperrt dich wieder in die Psychiatrie."

Auf Friedas Gesicht malte sich blankes Entsetzen. Sie wich zurück und legte gerade soviel Distanz zwischen sich und den Tierarzt, daß der sie nicht greifen konnte, falls er das vorhätte. Sie sah aus wie eine dieser verwilderten Hündinnen in den Mittelmeerländern, die sich ängstlich und mutig zugleich weit in den Bereich der Menschen vorwagen, um Futter für ihre Jungen zu erbetteln, jederzeit auf dem Sprung, blitzschnell zu flüchten, falls sie angegriffen werden.

„Ich geh' nicht fort", schrie sie. „Wo sollen wir denn hin? Ich muß bei den Zwergen bleiben. Die können nirgendwo hingehen. Darum bleibe ich auch hier. Nie mehr gehe ich in die Psychiatrie. Ich hasse dich." Sie schluchzte zornig auf. Sabber rann aus ihrem zahnlosen Mund. Sie riß an ihrem rostroten Kleid, als sei es ihr plötzlich zu eng geworden.

Sabine blickte auf diese Mensch gewordene Verzweiflung und Ohnmacht und wäre am liebsten zu ihr hinausgeeilt, um sie in ihrer verletzlichen Einsamkeit vor Winterbauer in Schutz zu nehmen. Sie wußte nichts von Winterbauers Überfall auf Nina und die Schwarze Witwe, der erst geschehen war, nachdem Frieda sie von dem Hof der Frauen entführt hatte, aber eine instinktsichere Angst vor diesem Mann hielt sie davor zurück, hinauszulaufen und sich zu zeigen. Sie wußte, daß sie als Gefangene der verrückten Frieda weitaus weniger in Gefahr war, als wenn sie den Tierarzt bitten würde, ihr in die Freiheit zu helfen.

Als Frieda an jenem Tag, an dem die Witwe mit Nina nach Wien gefahren war, mit einem gezückten Messer plötzlich vor ihr stand und sie aufforderte, mitzukommen, hatte sie sich vor der Unberechenbarkeit einer Verrückten gefürchtet und war lieber gefolgt. Aber auf irgendeine Weise hatte sie gewußt, daß ihr nur dann etwas geschehen würde, wenn Frieda ihr Verhalten aus der Irrealität ihrer Welt heraus falsch deuten und mißverstehen würde. Dieser Mann aber machte ihr wirklich Angst – nicht nur, weil sie seine Art, mit der verrückten Frieda umzugehen, niederträchtig und ungerecht fand.

Der Yorkshire hatte mittlerweile gerochen, daß sich noch jemand auf dem Hof befand, und auch herausgefunden, wo. Kläffend kratzte er an der Tür zum Schweinestall und meldete damit ordnungsgemäß seinem Herrn. Glücklicherweise für Frieda – und wie Sabine fand, auch für Sabine – nahm dieser jedoch wie die meisten Menschen einen Yorkshire nicht ernst. Er ging zwar auf den Schweinestall zu, aber nur, um sich seinen Minihund zu schnappen. Auf dem Weg zum Auto drehte er sich noch einmal um und musterte die alten, am Beginn des Verfalls stehenden Gebäude.

„Das kommt alles weg", sagte er. „Hier wird alles ganz neu gemacht. Eine Traumvilla wird das hier."

„Wo sollen denn die Zwerge bleiben?" rief Frieda. „Sie können doch nirgend woanders hin."

„Du kommst auch weg", sagte der Tierarzt und stieg in seinen Geländewagen. Mit Vollgas rumpelte er den Hohlweg hinunter.

„Das ist alles deine Schuld", rief Frieda in die Richtung, in der wahrscheinlich der graue Mann stand. „Mein Kind, mein armes Kind." Sie weinte.

Das arme Kind öffnete die Tür, die vom Schweinestall ins Freie führte, und trat hinaus ins Licht. „Frieda", sagte sie. „Wein doch nicht. Komm einfach mit zu den beiden Frauen. Die haben bestimmt ein Plätzchen für dich."

„Ich ertrage keine Menschen", wimmerte Frieda. „Ich bin verrückt. Ich habe Angst."

„Ich auch", sagte Sabine und setzte sich zu der weinenden Frau in das kalte Novembergras.

17

„Sieh mal da, das Heimkind", sagte die Schwarze Witwe und deutete die Auffahrt hinauf.

Nina, die neben einem Berg Holz ärgerlich an ihrer stummen Motorsäge herumfummelte, blickte auf.

Wie vom Himmel gefallen stand Sabine am Waldrand vor der Auffahrt. Neben ihr Frieda, langsam dahinschreitend wie eine Königin oder wie eine Mutter inmitten einer Schar Kinder. Die Frauen bewegten sich so langsam, weil Frieda nur bereit gewesen war, mitzukommen, wenn die Zwerge sie begleiteten, und Zwerge bewegen sich aufgrund ihrer körperlichen Kleinheit nun einmal nicht so schnell.

Die Schwarze Witwe und die Hausamazone, die die kleinen Begleiter der beiden Frauen nicht sehen konnten, sahen nur, wie sie beinahe im Schneckentempo vorwärtskamen.

„Ich fasse es nicht", sagte die Schwarze Witwe. „Und schau mal, wen sie da mitschleppt."

Klara eilte heftig wedelnd ihrer Spielkameradin entgegen.

„Nehmt den Hund weg", kreischte Frieda. „Kinder, schnell, in die Büsche, bringt euch in Sicherheit. Ein Hund."

Sabine sprang auf die alte Hündin zu und hielt sie am Halsband fest. „Das ist Klara", sagte sie zu Frieda. „Die mag Zwerge sehr gern. Du brauchst keine Angst zu haben."

Frieda sah Klara an, als ob die Hündin jeden Augenblick wie eine zu früh abgezogene Handgranate explodieren könnte. „Es ist alles gut", sagte sie in betont beruhigendem Ton. „Alles ist gut. Braver Hund, alles gut, ganz ruhig." Mit verholzten Fingerspitzen klopfte sie auf Klaras Kopf.

Verunsichert blickte Klara von Frieda zu Sabine und wedelte fragend.

„Frieda hat Angst um ihre Zwerge", erklärte Sabine dem Hund. „Die kannst du aber nicht sehen."

„Was denn für Zwerge?" fragte die Schwarze Witwe, die ihnen entgegengekommen war.

Frieda blickte die Schwarze Witwe mit verklärtem Blick an, fiel auf die Knie und faltete die Hände. „Maria, die du gebenedeit bist, segne mich", bat sie. „Mein armes Kind hat mir erzählt, wie du sie gerettet hast. Ich danke dir für deinen Schutz. Segne mich, Mutter. Gib mir, der unwürdigsten deiner Töchter, deinen Segen."

Die Schwarze Witwe blickte leicht verwirrt auf Friedas grauen Scheitel und dann Sabine fragend an.

„Du liebe Güte, jetzt segne die arme Frau doch endlich. Wie lange soll sie denn auf dem kalten Boden herumknien bei diesen Temperaturen und in ihrem Alter?" Nina gab der Schwarzen einen Schubs.

„Spinnst du?" fragte die.

„Nein, ich nicht, aber die", gab Nina leise zurück. „Nun mach schon."

„Äh, ja", räusperte sich die Schwarze Witwe und sammelte sich. „Also hiermit, ich meine, ich segne dich, meine Schwester, und nun steh auf."

„Danke, daß du mein Kind vor diesem Verbrecher beschützt hast", sagte Frieda und begab sich ächzend wieder auf die Füße.

„Welches Kind und welcher Verbrecher?" fragte die Witwe. „Und was habe ich damit zu tun?"

Frieda blickte vielsagend und bleckte dann ihre falschen Zähne zu einer schimpansenartigen Grimasse.

„Der Buchner hat sie geschlagen, hat sie gesagt. Und du hast sie gerettet." Sie nickte bedeutungsvoll.

„Vielleicht gehen wir besser erst einmal ins Haus", meinte die Witwe und hoffte, daß sich danach alles finden werde, wobei sie selbst nicht genau wußte, wie sich ihre Erwartung erfüllen könnte.

Sabine nahm Frieda bei der Hand, führte sie in das kleine

Haus und setzte sie auf das Sofa vor dem Kamin. Nach längerem Hin und Her war geklärt, daß Klara nicht zu Friedas Füßen sitzen durfte, da dies der Platz der Zwerge war, wie sie der Schwarzen und Nina erklärte, die taten, als wüßten sie, wovon Frieda redete.

Sie gaben ihr heißen Tee, betrachteten Friedas in langer Zeit gewachsene Patina aus Erde, Staub und anderen Dingen, die sie gar nicht so detailliert aufgelistet wissen wollten, und beschlossen unabhängig voneinander, die alte Frau in einen Zuber mit heißem Seifenwasser zu stecken und für einige Zeit darin zu belassen, falls sie hier übernachten würde. *Am besten wäre Flohseife*, dachte die Witwe.

„Wie alt bist du, Frieda?" fragte sie.

„Ich bin bald achtundvierzig Jahre", sagte Frieda.

Die Witwe erschrak. Sie hatte nicht damit gerechnet, daß diese verbrauchte Gestalt eine Frau in ihrem Alter war. Sie blickte auf ihre nackten Füße und fragte weiter: „Ist dir denn gar nicht kalt, so ohne Schuhe und Strümpfe bei diesem Wetter?"

Frieda lachte. „Ich trage niemals Schuhe. Das brauche ich nicht. Kälte und Wärme spüre ich nicht. Schmerz auch nicht. Das ist eine Nervenkrankheit, die ist angeboren."

Die Witwe erinnerte sich dunkel, von einer solchen Krankheit gelesen zu haben.

„Oh", sagte sie. „Dann weißt du wahrscheinlich auch gar nicht, ob du lieber heiß oder warm badest, nicht?"

„Wieso baden?" fragte Frieda mißtrauisch. „Das letztemal mußte ich in Puntigam links baden."

„Das ist die Psychiatrie bei Graz", ergänzte Sabine.

In ihrem Inneren schwankte die Schwarze Witwe, ob dies nicht auch jetzt ein angemessenerer Aufenthaltsort für Frieda sei anstelle des Sofas in ihrem Hause, aber im selben Augenblick schämte sie sich wegen dieser aus Bequemlichkeit genährten Sicht. „Was sind das eigentlich für Zwerge, von denen du sprichst?" fragte sie zum Zeichen, daß sie diese seltsame Person akzeptierte.

„Wieso willst du das wissen?" fragte Frieda mißtrauisch, denn die Anspielung auf das Bad hatte sie unruhig gemacht.

„Kein besonderer Grund", sagte die Schwarze leichthin. „Aber wenn du so viele Freunde mitbringst, hätte ich gern gewußt, wer sie sind, auch wenn sie unsichtbar sind."

„Sie sind nicht unsichtbar", korrigierte Frieda sie. „Du kannst sie nur nicht sehen. Ich schon. Sie wohnen da oben auf dem Hügel, wo ich jetzt auch wohne."

„Ich wollte immer schon mal wissen, was eigentlich aus Schneewittchen geworden ist", bemerkte Nina trocken. Für sie war Frieda keine Verrückte, sondern eine Schamanin, wenn dieser Begriff nicht schon so abgedroschen gewesen wäre. Nina hatte ihr Erlebnis mit Sabines Schutzzwerg nicht vergessen. Aber ihr schienen diese Dinge so selbstverständlich, daß sie keinen Anlaß sah, sie in einer gemütlichen Kaminrunde ausführlich erörtern zu müssen. Für sie, genau wie für Frieda, gab es solche Wesen. Punkt.

An diesem Abend erfuhren sie die näheren Umstände von Sabines Entführung. Und Sabine erfuhr von der Angst, die die beiden Frauen um sie gehabt hatten. Noch nie hatte sie erlebt, daß ein Mensch Angst um sie gehabt hatte. Weil sie nicht wußte, wie sie darauf reagieren sollte, wechselte sie das Thema und berichtete von Willibald Winterbauers Auftritt bei Buchners Einödhof.

„Soso, unser Willibald gedenkt also, sich für immer hier niederzulassen", sinnierte die Witwe.

„Warum sollte er nicht?" gab Nina zu bedenken. „Nach seiner Ansicht sind wir es doch, die von hier verschwinden sollen. Der hat hier doch einen sicheren Stand."

„Wer hat dir denn dein Wohnrecht auf dem Hof eingeräumt, Frieda?" erkundigte sich die Witwe.

„Der Buchner hat gesagt, ich kann da wohnen bleiben, solange ich lebe oder solange ich will", erwiderte Frieda.

„War jemand dabei, wie er das zu dir gesagt hat?"

„Ja, die Mutter war dabei. Es ist ja der Hof, von dem sie stammt. Ihre Heimat."

„Wenn es der Hof deiner Mutter ist, wieso räumt dann ihr Mann dir ein Wohnrecht ein?" gab Nina zu bedenken.

„Wenn die Frau heiratet, gehört alles dem Mann", antwortete Frieda.

„Na, da bin ich aber froh, daß ich nicht geheiratet habe", gab Nina zurück.

„Ich bin auch froh, daß du nicht geheiratet hast", grinste die Witwe. „Wer weiß, ob ich mir die Mühe gemacht hätte, dich aus einer Ehe loszueisen."

„Das ist noch die Frage, wer wen erobert hat", gab Nina zurück. „Nächtelang habe ich mit der Mandoline unter deinem Fenster gestanden."

„Ja, bis die Nachbarn die Polizei geholt haben", prustete die Witwe. „Unsere damalige Vermieterin, die alte Erna Nitsch, hat so zum Fenster hinausgeschimpft, daß sie ihr Gebiß verloren hat."

„Das kann ich auch", sagte Frieda.

„Laß deine Zähne im Mund", drohte Sabine ihr. „Warum könnt ihr eigentlich nicht heiraten?" fragte sie dann. „Können nur Mann und Frau heiraten?"

„Warum sollten wir, wir sind freie Frauen", sagte Nina.

„Das Gesetz verbietet Heirat unter Gleichen", erklärte die Witwe. „Die Ehe dient der Versorgung des Mannes."

„Ich dachte, daß es um die Kinder geht", sagte Sabine.

„So ein Blödsinn", fauchte die Witwe. „Wenn die Familie, also die Ehe dazu da wäre, die Kinder zu schützen, dann frage ich mich, warum es alleinerziehenden Müttern so schwer gemacht wird. Sobald es keinen Mann in der Familie mehr gibt, rutschen Mutter und Kinder an die Armutsgrenze und wissen kaum noch, wie sie zurechtkommen sollen. Nein, nein, die Ehe ist einzig und allein dazu da, einem Mann das Leben leichter zu machen, ihm sozusagen einen Rechtsanspruch auf Sexualität, warme Mahlzeiten, emotionale Unterstützung und weibliche Bewunderung zu geben und ihn durch kostenlose Frauenarbeit reich zu machen. Und sonst gar nichts."

So hatte Sabine die Sache noch nie betrachtet.

„Es ist mir lieber, daß wir in Freiwilligkeit zusammenleben", sagte Nina. „Ich brauche keine staatliche Genehmigung für mein Leben."

„Allerdings bleiben wir dadurch auch Fremde, wo wir es nicht sind", sagte die Witwe.

„Wie meinst du das?" fragte Sabine.

„Nun ja, wenn eine von uns beiden krank wird und im Spital liegt, bekommen nur Verwandte oder Ehepartner Auskunft von den Ärzten. Stirbt eine, hat die andere kein Recht darauf, für die Beerdigung zu sorgen. Wir sind nicht gegenseitig erbberechtigt und so weiter."

„Machen wir es doch einfach wie Hans Werner Henze", sagte Nina.

„Wer ist das denn?" wollte Sabine wissen.

„Das ist ein berühmter zeitgenössischer Komponist", erklärte die Schwarze Witwe. „Er hat seinen Lebensgefährten Fausto nach fünfunddreißig Jahren gemeinsamen Lebens adoptiert. So haben sie zumindest die Erbschaftsgesetze umgehen können."

„Du könntest mich ja auch adoptieren", schlug Nina vor.

„Ja, mein Engel, in fünfunddreißig Jahren werde ich dich adoptieren", sagte die Witwe.

„Wir sind alle Töchter einer Mutter", erklärte Frieda.

„Frieda, da hast du recht", rief die Witwe. „Das ist echtes matriarchales Gedankengut. Nun aber müssen wir dich erst vor den selbstsüchtigen Interessen der Väter beschützen."

„Ich glaube nicht, daß der Winterbauer dich da so einfach vertreiben kann", meinte Nina. „Da muß es doch einen rechtlichen Hintergrund geben. Am besten erkundigen wir uns morgen bei unserer Anwältin in Feldbach."

„Der Ansicht bin ich auch", sagte die Witwe. „Interessant finde ich ja, daß der Winterbauer plötzlich das Anwesen vom Buchner gekauft hat. Sag mal, Nina, haben wir nicht seinerzeit zuerst versucht, den Buchner-Hof zu kaufen?"

„Haben wir", bestätigte Nina.

„Und hat uns der Buchner nicht damals mitgeteilt, der wäre nicht zu verkaufen?"

„Hat er", sagte Nina.

„Und war es nicht deshalb, weil es der Buchnerin ihr Heimathof war und sie nun mal so daran hing?"

„Das war genau der Grund, den er genannt hat."

„Dann frage ich mich doch, wieso die Buchnerin auf einmal nicht mehr so dran hängt."

„Das fragen wir uns jetzt", sagte Nina. „Und kommen auf die Antwort, die wir in unserem Herzen schon lange wußten, Winterbauer, Hirschmann und Buchner sind irgendwie miteinander verbandelt, nur wissen wir nicht, wie und warum."

„So ist es. Die haben eine gemeinsame Leiche im Keller. Wobei hier wohl zutreffender wäre, wenn wir sagen, sie hatten eine gemeinsame Leiche im Gemeindebach."

Frieda sprang auf und rang wehklagend die Hände, und es dauerte eine kleine Weile, bis sie sich soweit wieder beruhigt hatte, daß das Gespräch fortgesetzt werden konnte.

„Was könnten Männer gemeinsam haben, das in der Folge zum Tod einer Frau im Gemeindebach führt?" dachte Nina laut nach.

„Wenn Männer etwas Gemeinsames zu verbergen haben, kann es sich nur um schmutzige Geschäfte oder um abgründigen Sex handeln", sagte die Witwe.

Wieder sprang Frieda auf und schrie: „Vergib uns unsere Schuld, wie auch wir vergeben den Schuldigen."

Wieder versuchten sie sie zu beruhigen. Aber diesmal ließ sie sich nicht beruhigen.

„Da ist er wieder, der graue Mann", rief sie. „Er bringt Tod und Verderben. Weiche! Weiche!"

„Das ist einer, der sie verfolgt, glaube ich", erklärte Sabine.

„Wie heißt er denn, Frieda?" fragte die Witwe, nur um etwas zu sagen.

„Josef", rief Frieda. „Er heißt Josef, und er hat es getan. Ach, mein armes Kind."

„Josef?" fragte die Witwe. „Meinst du Josef Hirschmann? Was hat er getan, Frieda, so sprich doch."

„Ich habe geschworen, es nie zu verraten", sagte Frieda.

„Erleichtere dein Herz, meine Schwester", sagte die Witwe einer plötzlichen Eingebung folgend. „Ich hebe diesen Schwur auf und erteile dir die Erlaubnis, mir, der ehrwürdigen Mutter, zu berichten, was dieser Josef getan hat."

Frieda sank auf die Knie und beugte das Haupt.

„Ich habe gesündigt, Mutter, und bitte um Vergebung", sagte sie mit gefalteten Händen.

„Was hast du getan, meine Schwester", fragte die Schwarze Witwe.

Frieda rang mit sich. Die Worte wollten und wollten ihr nicht über die Lippen. „Ich hatte schlechte Gedanken in mir. Ich war schlecht, schlecht und böse. Und darum kam eines Nachts der Hirschmann Josef und hat mich überfallen." Sie sank zu Boden und begann hemmungslos zu weinen. „Er hat mich geschlagen und gewürgt. Und dann hat er gesagt, daß er mich umbringt, wenn ich nicht stillhalte."

„Und dann?" fragte die Witwe in die Pause hinein.

„Und dann habe ich stillgehalten", schluchzte Frieda. „Ich habe stillgehalten und gebetet, daß es bald vorüber sein möge. Als es vorbei war, hat er gesagt, ich dürfe es niemandem sagen, sonst käme die Mutter ins Gefängnis, weil sie mich geboren hatte, mich schlechtes Mensch."

„Und das hast du geglaubt?" fragte Nina.

Frieda nickte. „Ich habe sie doch so lieb, die Mutter. Eines Tages darf ich wieder bei ihr sein, hat sie gesagt. Eines Tages läßt mich der Buchner-Bauer wieder zu ihr, und dann haben wir es immer schön."

Die Schwarze Witwe wischte sich verstohlen einige Tränen aus dem Gesicht, bevor sie sich umständlich räusperte. Sie betrachtete dieses alt gewordenen Kind, das noch immer auf die Liebe der Mutter hoffte, und das darüber verlorengegangene Leben brach ihr beinahe das Herz.

Nina sah Frieda wie in eine Art gelbliches Licht getaucht,

einmal stärker, dann wieder schwächer, und wußte, daß diese einfache Frau über größere psychische Kräfte verfügte als sie. Sie war noch zu jung, um zu erkennen, daß Friedas Kräfte gewachsen waren, gerade weil sie ein ungeliebtes Kind gewesen war. Sie ahnte, daß es Zusammenhänge gab zwischen diesem zu Bruch gegangenen Leben und ihrer Fähigkeit, Unsichtbares zu sehen und sich als Grenzgängerin in mehreren Welten zu bewegen. Es war ihr klar, daß sie in Zukunft eine Menge von der wahnsinnigen Frieda lernen könnte. In diesem Augenblick jedoch war Nina keine Schülerin des Übersinnlichen, sondern eine Jägerin, die hinter dem Wild her war, oder besser eine Wölfin, die eine Fährte aufgenommen hatte.

„Was war danach?" fragte sie. „Hast du einfach weitergelebt, nach dieser Vergewaltigung?"

Frieda richtete sich auf. „Es kam eine wunderbare Zeit", sagte sie. „Ich folgte Maria, und Gott segnete meinen Leib."

„Du wurdest schwanger?" fragte die Witwe.

Frieda nickte.

„Und hast du das Kind zur Welt gebracht?"

Frieda lachte, als wäre dieser Teil ihrer Erinnerungen ein warmes, wohltuendes Bad. „Ich habe es ganz allein zur Welt gebracht. Es war ganz einfach. Nicht anders als bei den Katzen. Es war ein wunderbares Kind. Sie war so schön. Und ausgeschaut hat sie wie meine Mutter. Viel schöner als ich."

„Und wo ist dieses Kind jetzt?" fragte Nina.

„Hier", sagte Frieda feierlich und griff nach Sabines Hand.

Sabine schaute die Witwe und Nina bedeutsam an und schüttelte unmerklich den Kopf.

Verunsichert fragte die Witwe: „Du glaubst, daß Sabine dein Kind ist? Wie kommst du denn darauf?"

„Ich hab' es gleich gespürt, wie ich sie wiedergesehen hab'", sagte Frieda mit zärtlichem Unterton und streichelte Sabines Hand. „In der Nacht, als sie sie geholt haben, da habe ich mir geschworen, daß wir uns wiedersehen."

„Wann haben sie sie geholt?" hakte die Witwe nach.

Trauer und Schmerz legten sich wie ein Schatten über Friedas Gesicht. „Am Weihnachtsabend sind sie gekommen. Der Hirschmann und der Buchner und haben das Kind geholt. Der Buchner hat mich festgehalten, und der Hirschmann hat das Kind gepackt. Es soll zu besseren Leuten kommen, haben sie gesagt und daß sie mich umbringen, wenn ich was sag'. Am nächsten Tag haben sie mich dann nach Puntigam links gebracht. Ich hab' nicht mehr aufhören können zu schreien."

„Das also ist es", sagte Nina und kniff die Augen zusammen. „Das haben diese sauberen Herren gemeinsam."

„Das glaube ich nicht", gab die Witwe zu bedenken. „Wenn das hinter allem steckt, frage ich mich, welche Rolle der Winterbauer dabei spielt. Der hat doch damals noch gar nicht hier gelebt. Und wieso ist in diesem Zusammenhang die alte Hirschmann ersäuft worden wie eine Katze?"

„Schatz, du übertreibst. Wir wissen nicht, ob sie ertränkt worden ist."

„Ist ja schon gut", brummte die Witwe. „Ich weiß es ja. Jedenfalls hätten wir damit allenfalls ein Teilchen in dem Puzzle, wenn überhaupt. Laß mal ein Bad für Frieda ein. Heute nacht bleibt sie auf jeden Fall hier."

„Ich will heim", protestierte Frieda bei der Erwähnung des Bades.

„Und dein Kind?" fragte die Witwe gemeinerweise. „Willst du das vielleicht allein hier bei uns lassen?"

Frieda schüttelte den Kopf.

„Na siehst du", sagte Nina. „Und wenn du bleibst, mußt du ins Wasser. Ich bereite dir schon mal alles vor." Sie erhob sich und verschwand im Badezimmer, aus dem bald das Rauschen von Wasser zu hören war.

„Hast du irgendwelche Papiere unterschrieben, Frieda?" fragte die Witwe. „Wenn sie das Kind zu anderen Leuten gegeben haben, mußt du doch unterschrieben haben, daß du das Baby zur Adoption freigibst."

„Ich habe nichts unterschrieben", erklärte Frieda.

„Weißt du das genau?" fragte die Witwe noch einmal.
Frieda nickte.
Draußen erhob sich ein schneidend kalter Wind.

18

Friedas Bad war eine Sache, die sich über drei Stunden hinzog. Am Ende waren alle Beteiligten – und es waren alle beteiligt – völlig erschöpft und am Ende. Nur Klaras jährliches Desinfektionsbad im Juli, sozusagen eine Art Räumungsklage gegen die sich zu dieser Jahreszeit auf dem Höchststand ihrer Population befindlichen Flöhe, kam diesem Ereignis an Wasserverbrauch, Nervenschmalz und anschließendem Zeitaufwand, um das Badezimmer wieder gebrauchsfähig zu machen, gleich. Danach schliefen alle tief und ruhig, und keine träumte von Zwergen und anderen Geistern.

„Wenn ich nur an diese Tasche herankäme. Ich kann ja schließlich nicht beim Hirschmann einbrechen, da würde ich mich ja strafbar machen", sagte die Schwarze Witwe, bevor sie als letzte einschlief.

19

Gleich am nächsten Morgen bekam die Schwarze Witwe Gelegenheit, sich in einer besonderen Art Geduld zu üben, wie sie die BürgerInnen im Umgang mit Ämtern und den darin aufbewahrten Beamten üblicherweise aufzubringen haben. Die Witwe unterzog sich nur höchst ungern diesem torturösen Weg durch die Institutionen, aber sie sah keine andere Möglichkeit, Licht ins Dunkel zu bringen.

Ihre Anwältin hatte ihr mitgeteilt, daß Friedas Wohnrecht möglicherweise eine sichere Sache sei, jedoch hielt sie es für möglich, daß sie entmündigt worden sei, weshalb sie nicht so ohne weiteres Friedas Interessen vertreten könne. Es hatte sich herausgestellt, daß Frieda in der Tat einen gesetzlichen Vormund hatte. Die für Frieda zuständige Sozialarbeiterin, Marianne Barthauptl, hatte seinerzeit mit Vehemenz dafür gesorgt, daß Frieda aus der Psychiatrie entlassen wurde und allein auf dem Einödhof leben durfte. Sie hatte außerdem erreicht, daß die Vormundschaft, die Friedas Mutter gemeinsam mit ihrem Mann, dem Buchner-Bauern, übernommen hatte, den beiden wieder abgenommen wurde. Der Bürgermeister von Jagerberg, ein gewisser Kasparnaze Bierbichler, hatte sich dann bereit erklärt, als Sachwalter für Frieda zu fungieren. In der Regel richtete er sich jedoch nach den Ratschlägen der Sozialarbeiterin, weshalb die Witwe wieder bei Marianne Barthauptl landete.

„Ich freue mich, daß Sie sich so für die Frieda einsetzen", sagte die Sozialarbeiterin.

„Mh", machte die Schwarze Witwe.

„Die Frieda läßt nur schwer andere Menschen an sich heran", sagte die Sozialarbeiterin.

„Aha", sagte die Schwarze Witwe. „Wasser auch nicht."

„Wie bitte?" fragte die Sozialarbeiterin.

„Wir haben sie gestern gebadet", erläuterte die Witwe.

Die Sozialarbeiterin fing an zu lachen. Die Witwe hatte das Gefühl, daß das Eis nun gebrochen sei. Sie zog sich ihre schwarzen Handschuhe aus und kam zur Sache.

„Was ist mit Friedas Kind passiert?" fragte sie. „Was wissen Sie darüber, und wo kann ich diese Tochter finden?"

„Auf dem Friedhof", antwortete die Sozialarbeiterin.

„Ach", sagte die Witwe. „Sie ist gestorben? Wann?"

„Ja, wußten Sie das denn nicht?" fragte die Sozialarbeiterin.

Die Schwarze wußte es nicht.

„Frieda hat das Kind gleich nach der Geburt auf dem Einödhof umgebracht. Die Kleine ist auf dem Friedhof von Jagerberg beerdigt worden. Ich weiß allerdings nicht, ob es das Grab überhaupt noch gibt. Es ist ja schon so lange her. Deshalb ist die Frieda damals in die Psychiatrie eingeliefert worden."

Die Schwarze Witwe starrte die Sozialarbeiterin erschüttert und ungläubig an. „Da hat mir die Frieda aber ganz etwas anderes erzählt", erwiderte sie.

Marianne Barthauptl nickte. „Das tut sie immer. Offenbar kann sie mit dieser Schuld nicht leben. Deshalb erzählt sie, das Kind wäre entführt worden. Aber sie hat nicht einmal irgendwelche Angaben über den angeblichen Täter machen können. Ganz abgesehen davon, daß die Eltern das getötete Neugeborene gefunden haben."

„Aber gestanden hat sie nie?" fragte die Witwe.

„Nein, gestanden hat sie nie. Sie ist immer bei der Version geblieben, daß ihr Kind entführt worden sei, vom grauen Mann, wie sie sagt. Aber diese Paranoiden fühlen sich ja immer von unsichtbaren Kräften verfolgt, nicht?"

„Da wäre ich vorsichtig", gab die Witwe zu bedenken. „Auch eine Paranoide kann wirklich verfolgt werden. Denken Sie nur an den Fall an der Grenze von Bayern nach Salzburg vor ein paar Jahren. Da gab es einen Mann, der sich sein Leben lang vor Polizisten gefürchtet hat und immer Angst hatte, daß die ihn verfolgen. Eines Tages fuhr er mit seinem Auto auf der Autobahn, und irgendein Polizeiauto fuhr hinter ihm. Da bekam er Angst und gab Gas. Die Polizei wollte ihn wegen der hohen Geschwindigkeit stoppen. Er fuhr dann in seiner Angst über die Grenze nach Österreich. Die Polizei immer hinterher, und weil er nicht halten wollte, haben sie auf ihn geschossen und ihn tödlich getroffen."

„Oh", sagte die Sozialarbeiterin.

20

Kasparnaze Bierbichler hatte etwas von einem Zigeunerbaron. Das Schmierige jedenfalls.

Fehlt nur noch die Geige, dachte die Schwarze Witwe und trommelte mit den schwarzbehandschuhten Fingern einen Czardasz oder was sie dafür hielt. *Was für ein eitler Mensch. Und trotzdem sowenig Selbstwahrnehmung.*

Der Zigeunerbaron saß ihr gegenüber und blätterte wichtig in alten Akten. Von Zeit zu Zeit strich er sich über die Haare, als erwarte er gleich den großen Auftritt. „Eigentlich darf ich Ihnen gar keine Auskunft geben", sagte er.

„Lieber, verehrter Herr Bürgermeister. Es geht hier um Höheres. Ein Menschenleben ist in Gefahr. Frieda droht, sich umzubringen." Mit dem Lügen hatte die Witwe keine Schwierigkeiten.

„Wär' auch nicht schade drum", erwiderte er. „Wir können in unserer Gemeinde keine Unruhe gebrauchen. Immerhin arbeiten wir daran, Fremdenverkehr herzubekommen, und dann stellen Sie sich mal eine wie Frieda vor, die auf den Straßen herumläuft."

Die Schwarze Witwe schwieg, denn sie war nicht imstande, auf diese Ungeheuerlichkeit irgendwie zu reagieren, und eine angemessene Reaktion hätte vermutlich verhindert, daß sie die Auskunft erhielt, die sie wollte. *Alles das, was du an widerwärtiger Energie aussendest, soll niemanden treffen, sondern sich auf direktem Weg umkehren und dich selber treffen,* verwünschte sie ihn.

Als ob diese Verwünschung bereits zu wirken begann, zuckte es leicht in seinem Gesicht. „Da haben wir es ja", sagte er und öffnete den Hefterverschluß, um ein Blatt herauszunehmen. „Hier ist die Todesurkunde des Kindes. Ausgestellt vom alten Doktor. Der lebt auch nicht mehr. Kleiner Jagdunfall vor zwei Jahren."

„Interessant", murmelte die Witwe und meinte beide Todesfälle. „Sie erlauben?" Sie nahm ihm die Urkunde aus der Hand und betrachtete sie. „Todestag 13. Oktober 1978, Todesursache Herzversagen", las sie. „Ist es denn damals zu einer Untersuchung gekommen? Woher wußte der Doktor, daß die Kleine am 13., also dem Tag ihrer Geburt gestorben ist, und wieso Herzversagen? Hat sie das Kind umgebracht oder nicht?"

„Sie hat, gnädige Frau, sie hat", sagte er schnell. „Wir wollten es damals nur nicht an die große Glocke hängen. Was heißt wir, ich war ja noch ein junger Bursche damals, noch nicht Bürgermeister." Er strich sich wieder über die Haare. „Aber immerhin habe ich doch vieles von der traurigen Angelegenheit mitbekommen. Der Doktor war ein Jagdkollege vom Buchner, ich nehme an, da hat er halt ein wenig dazu beitragen wollen, daß die Familie nicht ins Gerede gekommen ist. Das kann man doch verstehen. Sie können sich vorstellen, ein Mord, das wäre zuviel für unsere kleine Gemeinde. Traurig genug, daß die eine Verrückte in der Familie haben, obwohl – so richtig zur Familie gehört sie ja auch wieder nicht, jedenfalls ist sie dann gleich weggesperrt worden. Ich weiß noch wie heute, wie sie da schreiend gestanden ist, barfuß mitten im Schnee."

„Wann ist sie denn weggebracht worden?" hakte die Witwe nach.

„Gleich nach dem Mord, soviel ich weiß", sagte der Zigeunerbaron.

„Also noch im Oktober?" fragte sie.

„Ja", sagte er. „Ich glaube."

„War es denn ein so früher Winter?"

„Wieso, nein, nicht daß ich wüßte", erwiderte er.

„Aber Sie sprachen doch eben davon, daß sie im Schnee stand, als sie weggebracht wurde."

„Stimmt", sagte Kasparnaze Bierbichler verwirrt. „Das ist mir noch gar nicht aufgefallen."

„Lag Schnee oder nicht, als sie weggebracht wurde?"

„O ja, ich bin mir ganz sicher. Aber nach den Unterlagen hier kann es nicht stimmen." Er blätterte hilflos in den Akten. „Ich weiß auch nicht."

„Ich auch nicht, Herr Bürgermeister, aber ich werde es wissen, darauf können Sie sich verlassen."

Er war sich nicht im klaren, ob sich dieses Versprechen für ihn positiv oder negativ auswirken würde, ein Zustand, der ihm großes Unbehagen bereitete. Im kommenden Jahr standen Gemeinderatswahlen an, und wenn auch seine Partei sicher sein konnte, wieder zu gewinnen, weil die Bauern ihr traditionell treu blieben, wußte er doch, daß viele in der Gemeinde mit seiner Amtsführung unzufrieden waren. Er konnte sich zur Zeit keinen politischen Fehler erlauben.

„Was ist denn mit Friedas Wohnrecht auf dem Einödhof?" fragte die Witwe.

„Das besteht natürlich", versicherte er, sogar ohne große Bedenken, denn der Einödhof war für seinen Geschmack weit genug entfernt von Jagerberg – die zukünftigen Touristen würden Frieda kaum zu Gesicht bekommen.

„Der Winterbauer will sie aber vertreiben", sagte die Witwe. „Dann steht sie auf der Straße. Und es werden die Straßen von Jagerberg sein, auf denen sie dann stehen wird."

„Am besten wäre ein Pflegeheim", schlug Bierbichler vor.

„Das glaube ich kaum", widersprach die Witwe. „Wenn diese Frau in ein Heim eingewiesen wird oder in die Psychiatrie, haben Sie einen Tag später die Presse von ganz Österreich im Ort, auf der Suche nach der Geschichte über den herzlosesten Bürgermeister und verantwortungslosesten Vormund des Landes. Unterschätzen Sie meinen Einfluß nicht. Das wäre ein Fehler, den Sie sich in Ihrer Lage nicht leisten können."

Bierbichler, der schon von Revierinspektor Keuch gehört hatte, wie widerborstig und seiner Ansicht nach völlig unweiblich die beiden neuen Gemeindemitglieder waren, fand plötzlich mit Leichtigkeit zu einer Lösung, die keine war, was gemeinhin als politisch bezeichnet wird.

„Selbstverständlich muß die Frieda nicht ins Heim", sagte er. „Wir werden einen guten Platz für sie finden."

„Und der ist auf dem Einödhof", beharrte die Witwe.

„Zumindest vorerst", sagte Bierbichler. „Es dauert noch mindestens zwei Jahre, wenn nicht länger, bis der Tierarzt mit dem Bau anfangen kann. Solange kann sie ja dort wohnen bleiben."

„Das hätte die Frieda gern schriftlich", sagte die Witwe und stand auf. „Sie hören noch von mir, Herr Bürgermeister."

Das hatte er befürchtet.

Warum gibt es keinen Eignungstest für neue Gemeindemitglieder, dachte er ärgerlich. *Es war so ruhig in unserem Ort, bevor diese Unruhestifterin aufgetaucht ist. Ich wollte, wir hätten ein Gesetz, mit dem wir Leute auch ortsweise ausweisen könnten.* Er schlug den Aktenordner zu. Obwohl er sich aus Musik nichts machte, summte er einen Czardasz, den er plötzlich im Ohr hatte. *Hexen,* dachte er. *So was hätte man früher einfach verbrannt. Dann wär' Ruh' gewesen.*

21

Diese Frau kann keine Kindsmörderin sein. Die Schwarze Witwe beobachtete Frieda, die den kleinen Altar in der Keusche mit Tannengrün schmückte. *Oder will ich es nur nicht wahrhaben? Sie ist verrückt, und vielleicht ist sie tatsächlich eine Schamanin, wie Nina behauptet. Welch ein Hochmut, daß wir unsere Wirklichkeit zur allgemeingültigen erklären und alle bestrafen, die andere Wirklichkeiten kennen. Aber eine Mörderin, nein, das kann ich mir nicht vorstellen.*

„Ich danke dir, Göttin, daß du mich und meine Familie weiter auf dem Einödhof wohnen läßt", sagte Frieda vor dem Altar kniend und berührte zart und vorsichtig die kleine Statuette der vielbrüstigen Artemis. „Seit ich weiß, daß Jesus eine Frau war, verstehe ich alles viel besser."

„Was?" sagte die Witwe. „Wieso war Jesus eine Frau?"

Nina lachte. „Ich habe Frieda erklärt, was Parthenogenese ist. Und als ich ihr klargemacht hatte, daß eine Fortpflanzung ohne männlichen Samen immer nur weibliche Kinder hervorbringt, hat sie plötzlich gesagt, dann müsse Jesus eine Frau gewesen sein, denn an seiner Geburt sei auch kein männlicher Same beteiligt gewesen."

„Diese Logik dürfte das Christentum revolutionieren", lachte die Witwe. „Wir sollten dem Papst einen Brief schreiben."

„Hör auf, solche Vorschläge zu machen", bremste Nina. „Frieda ist imstande und tut's."

Auch Nina glaubte nicht, daß Frieda ihr Neugeborenes umgebracht hatte. „Die haben doch nur den Beweis für Hirschmanns Vergewaltigung beseitigen wollen", war ihr Kommentar gewesen. „Daß die Frieda durchgedreht ist, hat es dann noch leichter gemacht, sie einzusperren, und dann brauchten sie nur noch zu behaupten, daß alles, was Frieda sagt, ein Hirngespinst, eine Wahnvorstellung, ein Beweis für ihren Wahnsinn ist."

„Warum tun die so etwas?" fragte Sabine. „Was für ein Aufwand, den die betrieben haben. Kindesentführung, Urkundenfälschung – nur um eine Vergewaltigung zu vertuschen. Ich meine, bloß wegen der paar Minuten, die dieser Typ einen Kick gehabt hat."

„Nein, Sabine, da geht es um mehr", widersprach die Witwe. „Die hatten auch einen Kick, als sie das Kind entführten und die Urkunden fälschten. Es geht um Macht. Es geht in dieser Welt, die von den großen und kleinen Hirschmanns und Zigeunerbaronen beherrscht wird, um die Macht, tun zu können, was sie wollen. Das Gefühl, alles und alle zu beherrschen, gibt ihnen den Kick. Das ist mehr als Sex. Der ganze Planet gehört ihnen, und sie tun damit, was sie wollen. Und nichts und niemand darf sich ihnen in den Weg stellen. Sie quälen Tiere und vergiften ihre Kinder. Sie bauen Atomkraftwerke und behaupten, die könnten nicht in die Luft fliegen. Wenn so ein Ding dann doch hochgeht, sagen sie, das sei nicht so schlimm. Alles eine Frage der Grenzwerte. Alles ist machbar, ist ihre Devise. Die Erde, das Meer, Pflanzen, Kinder, Frauen – alles Sachen, die ihnen zur Verfügung stehen, und wenn sie sie benutzen, gibt es ihnen jedesmal einen Kick. Und den stärksten Kick verschafft ihnen Zerstörung." Sie atmete heftig, und wenn sie sich nicht in einem Haus befunden hätte, hätte sie zum Zeichen ihrer Verachtung auf den Boden gespuckt.

„Was können wir tun?" fragte Sabine eingeschüchtert.

„Nichts", sagte Frieda düster.

„Sehr viel", sagte Nina. „Wir mischen uns ein. Wir halten dagegen. Wir machen es ihnen so schwer wie möglich."

„Wir legen ihnen das Handwerk, wo es nur geht", sagte die Schwarze Witwe. „Nimm unser Jagerberg. Daß es mich und Nina hier gibt, ist ein Zeichen dafür, daß sich die Zeiten zu ändern beginnen. Die Hexen sind wieder da."

„Hier gab es viele Hexen", sagte Frieda.

„Ich weiß", sagten Nina und die Schwarze Witwe im Chor.

„Ich will auch etwas tun", sagte Frieda.

„Du bist die, die die Verbindung zu den Zwergen und anderen Geistern hält", sagte Nina.

„Nicht zu allen. Keine Verbindung zum grauen Mann."

„Das brauchst du auch nicht", meinte die Witwe. „Obwohl dein Kampf gegen den grauen Mann nichts anderes ist als unser Kampf gegen die Machtgeilheit der Männer aus Fleisch und Blut."

„Glaubt ihr, ich könnte ihn einmal besiegen?" fragte Frieda ungläubig.

„Du wirst ihn besiegen", ermutigte sie die Witwe. „Auch die Macht deines grauen Mannes läßt sich brechen."

Frieda lächelte, als ob ihr dieser Gedanke ganz gut gefiel. „Könntest du nicht einen deiner Zwerge in Hirschmanns Haus schicken und in Walburgas Tasche schauen lassen?" Die Witwe war sich nicht sicher, ob sie das ernst meinte.

Frieda sah sie konsterniert an. „Nein, das können die Zwerge nicht für uns tun. Die haben alle eine bestimmte Aufgabe. Die kann ich nicht einfach so herumschicken."

„War ja nur eine Frage", meinte die Schwarze Witwe. „Ich grüble die ganze Zeit darüber, ob in dieser Tasche irgend etwas sein könnte, das uns einen Hinweis auf Walburga Hirschmanns ungewöhnlichen Tod gibt."

„Ich könnte die Tasche doch holen", sagte Frieda.

„Und wie willst du das machen?" fragte Nina.

„Ich breche ein."

„Das geht auf keinen Fall. Das wäre ja Einbruch", lehnte die Witwe ab.

„Klar, wenn Frieda in Hirschmanns Haus einbricht, wäre das Einbruch", lachte Nina. „Und dafür haben wir dich nun studieren lassen."

„Ich bin verrückt", sagte Frieda. „Ich darf alles."

„Sie hat recht, Schatz." Nina fand das sehr komisch. „Sie ist ja entmündigt. Ihr kann überhaupt nichts geschehen."

„Warum eigentlich nicht?" sagte die Witwe gedehnt und nachdenklich. „Traust du dir das denn überhaupt zu, Frieda?"

Frieda nickte. „Ich war schon oft in Hirschmanns Haus, wenn sie nicht daheim waren. Ich war auch schon oft in Buchners Haus. Dann habe ich mich in Mutters Bett gelegt und an sie gedacht. Ich habe keine Angst. Ich bin doch verrückt. Ich kann sogar in ein Haus gehen, wenn jemand daheim ist, und derjenige würde es nicht einmal merken."

Nina war platt.

„Ich könnte das auch hier, soll ich es euch zeigen?"

„Nein, laß nur", wehrte die Witwe ab. „Mir ist es lieber, wenn du angemeldet erscheinst."

„Warum denn nicht", widersprach Nina. „Ich lerne liebend gern immer etwas dazu."

„Nina, Nina", mahnte die Witwe. „Ich kann mich gut erinnern, daß du vor noch gar nicht langer Zeit vor Angst nasse Hände bekommen hast, bloß weil ich mich ganz unverbindlich im Hause Hirschmann umsehen wollte."

„Das war doch etwas ganz anderes", antwortete Nina. „Da ging es doch um eine simple Gesetzesübertretung, und wir hätten jederzeit erwischt werden können. Wenn Frieda mir ihre Kunst zeigt, kann ich davon doch nur profitieren."

„Sei vorsichtig. Für so etwas sind wir früher verbrannt worden", warnte die Witwe.

„Hast du nicht gesagt, daß wir am Beginn neuer Zeiten stehen?" fragte Nina.

„Hallelujah." Frieda lachte schallend.

22

Es war kurz vor Neumond, was die Unternehmung für Frieda wesentlich erleichterte. Für Nina machte es die Sache ganz und gar nicht einfacher. Während Frieda unsichtbar und unhörbar durch den Wald zu gleiten schien, konzentrierte sich die Amazone angestrengt darauf, zu achten, wohin sie trat, und gleichzeitig ihre Augen zu schützen, weil sie die Angstvorstellung hatte, im Dunkel gegen einen herabhängenden Zweig zu laufen und ihr Augenlicht zu verlieren. *Wie macht sie das?* überlegte sie und versuchte Friedas dahineilende Gestalt zu erkennen. *Vielleicht, weil sie barfuß ist?*

Ein leises Kichern war aus der Richtung zu hören, in der sie Frieda vermutete. Sie blickte auf und sah gar nichts. Gleich darauf knallte sie ungebremst gegen eine stattliche Buche, die sich noch eine Sekunde vorher dort nicht befunden hatte, da war sie sich sicher.

„Au", schrie sie und versetzte der Buche einen Tritt.

„Schsch", sagte Frieda hinter ihr. „Du tust ihr ja weh. Und sei leise, sonst weckst du den grauen Mann."

Überrascht drehte Nina sich um. „Wo kommst du denn auf einmal her?" fragte sie.

Wieder kicherte Frieda leise.

Nina griff nach ihr, um sie wenigstens zu fühlen, wenn sie sie schon nicht sehen konnte. Aber sie griff ins Nichts.

„Frieda?" rief sie. Nicht weit entfernt schrie ein Käuzchen. *Wo steckt diese Verrückte,* dachte sie. *In welche Richtung muß ich jetzt gehen? Verdammt, ich sehe nichts, gar nichts.* Sie ging langsam weiter. Nachdem sie mit einem weiteren und dann noch mit einem dritten Baum zusammengestoßen war, begann sie allmählich ein Gefühl dafür zu entwickeln, ob und wo ihr ein Baum entgegenkam. Es war eine Spur von Dichte und Wärme, die sie ungefähr einen Meter vor jedem Baum vor ihrem Gesicht empfand. *Ob Bäume auch eine Aura haben?* überlegte sie. Sie hoffte, daß die Richtung, in die sie sich bewegte, wenigstens in groben Zügen stimmte. *Auf jeden Fall muß ich mich den Hügel abwärts bewegen,* dachte sie. *Wenn ich am falschen Ende aus dem Wald komme, gehe ich einfach die Straße entlang durchs Dorf. So komme ich schließlich auch zum Hirschmann-Haus. Ist doch völlig egal.*

Als sie am Waldrand angekommen war und auf eine Wiese hinaustrat, war sie überrascht, wie präzise sie die Richtung gehalten hatte. Hier draußen, außerhalb der dichten Bäume konnte sie ein wenig mehr erkennen. In einiger Entfernung, am Südrand des Dorfes, brannte in einem Haus sogar noch ein Licht. Mitten auf der Wiese machte sie den Schatten eines Hochstandes aus, allerdings auch nur deshalb, weil sie wußte, daß und wo ungefähr er sich befand. Konzentriert setzte sie einen Fuß vor den anderen und ging auf den Hochstand als nächsten Orientierungspunkt zu.

„Psst", machte es über ihrem Kopf.

Nina blieb abrupt stehen und versuchte ihr Gespür aufwärts zu schicken.

„Komm herauf", flüsterte Frieda.
„Wohin denn?" fragte Nina flüsternd zurück. „Wo bist du?"
„Na, hier, auf dem Hochstand. Nun komm schon."
Nina rüttelte prüfend an der Leiter, bevor sie hinaufkletterte. *Es soll ja Tierschützer geben, die solche Dinger ansägen,* dachte sie. Oben in dem überdachten Bretterverschlag saß Frieda und grinste. „Gemütlich, was? Ich sitze oft hier oben." Sie saß auf einem Bänkchen und bedeutete Nina, sich ebenfalls zu setzen, indem sie neben sich auf das Holz klopfte.

„Ist ja irre", sagte Nina und setzte sich. „Ich bin noch nie auf einem Hochsitz gewesen."

„Zeit wird's", sagte Frieda. „Ich habe mit Sabines Zwerg über dich gesprochen."

Nina blickte sie überrascht und zweifelnd von der Seite an. Sie hatte Frieda nichts von ihrem Traum erzählt.

„Ich hab' mal von einem Zwerg geträumt", sagte sie dann. „Er hatte einen altmodischen Anzug an und eine Feder am Hut. Das sah ziemlich lächerlich aus."

„Genau den meine ich", sagte Frieda. „Er ist für dich nicht zuständig. Aber er meinte, wenn ich ihn erwähne, wirst du mir glauben. Ich soll dich an die Schweinezunge erinnern."

Nina nickte ernst. „Was hat er über mich gesagt?"

„Daß du dich ziemlich blöd angestellt hast", grinste Frieda. „Und daß er sich gar nicht erklären kann, wieso ausgerechnet du bei mir lernen sollst."

„Ich kann schon ganz schön viel", behauptete Nina, der mal wieder ihr Aszendent (Löwin) im Wege stand.

„Ja, gegen Bäume laufen." Frieda wollte sich ausschütten vor Lachen.

„Zum Schluß ging es immer besser", verteidigte sich Nina. „Ich konnte die Bäume sogar spüren, ohne sie zu sehen."

„Kleine Spürnase", prustete Frieda. „Nichts kannst du, überhaupt nichts. Aber das macht nichts. Ich werde es dir beibringen."

„Was?" fragte Nina.

„Wie du dich unsichtbar machen kannst."

„Das kann ich schon", behauptete Nina.

„Unsichtbar wie ein Trampel." Frieda stöhnte vor Vergnügen.

„Ich kann meinen Körper verlassen und mit der Seele woanders hingehen", trumpfte Nina auf.

„Klar", sagte Frieda. „Das kannst du. Das ist aber ziemlich gefährlich. Jemand könnte dir inzwischen deinen Körper stehlen. Und was machst du dann?"

„Die Schwarze paßt solange auf meinen Körper auf."

„Trotzdem", beharrte Frieda. „Das ist, als wenn du mit einem Düsenflieger zum Einkaufen fährst."

„Was verstehst du denn von Düsenfliegern?" Nina fühlte sich verkannt und nicht ernst genommen.

„Ich sehe sie jeden Tag, wenn sie über meinen Kopf hinwegfliegen", sagte Frieda. „Aber kannst du im Supermarkt einkaufen gehen, ohne daß dich jemand sieht?"

Nina schüttelte ungläubig den Kopf. „Kannst du das etwa? So wie du aussiehst? Barfuß und ungekämmt?"

„Ja", sagte Frieda. „Das kann ich. Und wenn du willst, bringe ich es dir bei. Dann brauchst du kein Flugzeug mehr zu nehmen, nur weil du ein Päckchen Mehl brauchst."

Nina hob gespielt lässig die Schultern und spähte in die Dunkelheit, als gäbe es da etwas Besonderes zu entdecken.

„Zum Beispiel mußt du sehen können, auch wenn es so finster ist wie jetzt", sagte Frieda.

Nina wandte sich zu ihr um. „Ich bin doch keine Katze."

„Ja", sagte Frieda. „Aber du kannst wie eine werden. Du liegst nachts im Bett und schläfst. Aber du mußt nachts in den Wald gehen, da lernst du, wie du auch in der finstersten Finsternis etwas siehst. Ich kenne hier jeden Baum, darum finde ich blind durch den Wald. Außerdem spreche ich mit den Bäumen, und mit ihrer Antwort leiten sie mich weiter." Stolz und beinahe pfiffig sah Frieda jetzt aus.

„Vielleicht sollte ich als erstes üben, mich im Finsteren eine Straße entlang zu bewegen", sagte Nina. „Und nicht gleich mit dem Schwierigsten anfangen."

„Die Straße ist schwieriger", sagte Frieda. „Wenn du die Straße entlanggehst, kommst du an den Höfen vorbei. Da leben viele Tiere, die dich von weitem hören und melden."

„Ach", sagte Nina. „Für die Hunde nehme ich einfach ein bißchen Wurst mit, dann sind die schon still."

„Pah, Hunde", sagte Frieda verächtlich. „Die Hunde sind nicht das Wichtigste. Die Schweine sind das Wichtigste. Die hören dich, lange bevor ein Hund merkt, daß du anrückst. Sie werden dann unruhig, und ihre Unruhe weckt die Hunde. Wenn du nachts eine Straße entlanggehen willst, ohne daß es jemand merkt, mußt du vorher mit den Schweinen in den Ställen reden."

„Und was sag' ich denen?" fragte Nina.

„Du weißt wohl nicht, wie man mit einer Sau redet, wie?"

„Ich finde, Schweine sind tolle Tiere. Aber wie man mit ihnen redet, weiß ich nicht."

„Laut und deutlich", wieherte Frieda und wollte sich kaum beruhigen.

„Sehr witzig! Haha!"

„Wenn du nicht glaubst, daß man mit Tieren reden kann, dann funktioniert es nicht."

„Ich glaub's ja", räumte Nina ein.

Frieda sah sie von oben bis unten an. „Ich glaube, ich gehe allein in Hirschmanns Haus. Du bist imstande und weckst alle auf. Vielleicht wäre es besser, du wartest hier auf dem Hochsitz, bis ich wieder da bin und dich abhole."

„Tu mir das nicht an, Schneewittchen", bat Nina. „Ich will doch lernen, mich unsichtbar zu machen. Außerdem – allein hier auf dem Hochsitz habe ich fürchterliche Angst."

Frieda sah Nina an, und in ihrem Blick lag die Ratlosigkeit einer Lehrerin, die auf einen hoffnungslosen Fall blickt, was Nina dank der Dunkelheit glücklicherweise nicht erkennen konnte. „Also gut, wir versuchen es. Bleib immer hinter mir. Und versuch so leise wie möglich zu sein."

„Ich versprech's", sagte Nina.

Sie stiegen nacheinander die Leiter wieder hinunter, und

Nina versuchte, Frieda so leise und unauffällig wie möglich zu folgen. Frieda ging langsam, um ihrer Schülerin die Chance zu geben, ihr auf den Fersen zu bleiben. Nina fiel auf, daß tatsächlich kein Hund bellte. Alles war ruhig.

Beim Hirschmann-Haus angekommen, drückte Frieda Nina in den Schatten des Hauses und bedeutete ihr mit einem Handzeichen, dort zu warten. Dann verschwand sie geräuschlos. Nina drückte sich an die Wand. Ihr Herz klopfte ihr bis hoch hinauf in den Hals. Ihre Hände zitterten, und in den Beinen spürte sie den fast unwiderstehlichen Impuls, davonzulaufen. *Einfach weiteratmen*, dachte sie. *Mehr muß ich nicht tun. Weiteratmen und warten, bis Frieda zurückkommt.* Die Zeit verging quälend langsam. Sie blickte an der Hausfassade hinauf. Ein abgrundtiefer Schrecken durchfuhr sie. Im oberen Stockwerk schimmerte in einem Fenster durch die geschlossenen Holzläden ein Lichtschein. Hirschmann war also noch wach. Sie preßte die Faust auf den Mund, um nicht laut nach Frieda zu rufen. *Göttin, hilf, daß Frieda es bemerkt und nicht ins Haus geht,* betete sie.

23

Frieda verließ die aufgeregte Nina und glitt an die Hinterfront des Hauses. Dort kletterte sie leicht wie eine Feder am Spaliergitter hinauf und enterte den oberen Balkon. Mit einem leisen Klick öffnete sie die Balkontür und schlüpfte ins Haus. Sie huschte durch das Zimmer und die Treppe hinunter in die Küche. Ohne Licht zu machen, bewegte sie sich sicher und zügig. Hätte Nina sie in diesem Augenblick sehen können, hätte sie nicht nur auf der Stelle wieder Hände naß wie zwei tote Makrelen gehabt, sondern einen Adrenalinstoß gefühlt, an den sie noch Jahre zurückgedacht hätte. Frieda machte sich in der stockfinsteren Küche in aller Seelenruhe einen Kaffee. Sie bewegte sich sicher und entspannt wie eine Hausfrau, die zwischen Einkauf und Putzen eine kleine Pause einlegt.

24

Notburga Würzl blätterte in einer *täglich alles*, während sie genüßlich den Inhalt einer Schachtel Pralinen in sich hineinstopfte. Hin und wieder blickte sie in friedlichem Besitzerstolz auf den neben ihr schlafenden Josef Hirschmann, der sonnengebräunt in einem seidenen Schlafanzug steckte, die silbernen Haare sorgfältig unter ein Haarnetz geklemmt.

Gerade als sie sich ein Stück Nougatkrokant in den Mund schieben wollte, ließ ein Geräusch sie innehalten. Ihr persönlich wäre das ja egal gewesen, sie fürchtete sich nicht so leicht, aber sie wußte, daß der Josef immer eine Pistole unter dem Kopfpolster hatte – wie im Film. Sie hatte zwar nie gefragt, warum, aber es war ihr klar, daß der Josef nichts von nächtlichen Geräuschen im Haus hielt. „Seppi", rief sie und stieß ihn in die Seite. „Wach auf, da ist jemand."

Seppi war auf den Füßen, noch bevor er richtig wach war, und griff nach der Pistole. Er riß sich das Haarnetz vom Kopf, im Grunde seines Herzens war er trotz Rolex am Arm und Pistole in der Hand der Kleinbauer geblieben, der sich schön macht, wenn Besuch kommt. Er schlich zur Tür und lauschte. „Da ist nichts", sagte er. Dann öffnete er die Tür und lauschte wieder. „Gar nichts. Es wird eine von den Katzen gewesen sein." Schnuppernd hob er die Nase. „Hast du heute abend noch Kaffee gemacht?"

„Geh, Seppi", wehrte die Würzl ab. „Ich mach' doch keinen Kaffee am Abend."

„Es riecht aber danach", sagte Josef Hirschmann. Er schob die Pistole unter das Kopfpolster und legte sich wieder hin.

„Mannsleut", sagte die Würzl. „Wieso soll ich auf einmal Kaffee gemacht haben am Abend?"

Frieda stand direkt hinter der Schlafzimmertür und hörte, wie das Bett ächzte, als Hirschmann sich hineinlegte.

„Sag, Seppi", hörte sie Notburga sagen. „Beim nächstenmal nimmst du mich aber mit in die Karibik. Du bist so schön braun. Ich möchte auch so schön braun sein."

„Übertreib's nicht, Burgl", brummte Hirschmann. „Es reicht, daß du jetzt hier wohnst."

„Ja, und du vergiß nicht, warum ich jetzt hier im Haus wohne", antwortete Notburga Würzl heftig.

„Laß mir meine Ruhe", sagte Hirschmann. „Morgen kommt eine neue Lieferung. Ich muß früh aufstehen. Muß vor sieben an der Grenze sein."

„Ich wollte ja auch nur einmal das Meer sehen und die Palmen", nörgelte Notburga.

„Dann fahr halt nach Jesolo", brummte Hirschmann. „Da ist es auch schön. Du weißt, daß ich geschäftlich in der Karibik war. Die hatten mich eingeladen. Da kann ich keine Frau dabei gebrauchen, wenn über Geschäfte geredet wird." Er drehte sich um und zog die Decke über den Kopf.

„Da, Seppi", rief Notburga. „Jetzt habe ich schon wieder was gehört." Obwohl sie nichts gehört hatte und alles still war. Trotz ihres ausgeprägten Bewußtseins über die Kostbarkeit, die Hirschmann in ihrem Leben bedeutete, war sie dem Mann doch nicht mit Haut und Haar ergeben. In irgendeiner Ecke ihres Hinterkopfes wußte sie ziemlich genau, daß er ihr keine Gefühle entgegenbrachte und sie nur geduldet war. Es war diese Ecke ihres Hinterkopfes, die ihr durch kleine Aktionen der Rache ein wenig Genugtuung für alle Demütigungen, die sie einstecken mußte, verschaffte.

Josef Hirschmann schob die Decke wieder von den Ohren und lauschte. Alles, was er hörte, war Notburga Würzls Stimmenblech.

„Ist bei der Lieferung auch für mich was dabei?"

„Nein", antwortete er.

„Aber ich könnte wieder was gebrauchen von dem, wie hat denn das gleich noch geheißen? Diesem Prem, dieses Mittel halt, das du mir beim letztenmal mitgebracht hast."

Hirschmann richtete sich halb auf. „Das kannst du dir von jedem Arzt verschreiben lassen. Das gibt es ganz legal in jeder Apotheke. Ich kann doch meine Lieferanten nicht mit diesem Blödsinn belästigen."

„Aber ich habe mich so gut gefühlt mit den Pillen. Es ist, wie wenn man wieder jung wird."

„Ich kenn mich damit nicht aus", erwiderte Hirschmann. „Meine Frau hat ihr Leben lang keine Pillen genommen. War immer kerngesund. Die hat so etwas nicht gebraucht."

„Und wieso ist sie auf einmal so krank geworden?" fragte Notburga.

„Was geht es dich an?" sagte Hirschmann. „Ich kann nur sagen: Übertreib's nicht."

„Ja, und dann hat's sterben müssen, die Arme."

„Burgl, ich warne dich", wiederholte Hirschmann. „Sonst passiert dir vielleicht auch noch was."

„Mir?" Notburga lachte. „Da habe ich vorgesorgt, Seppi. Ich werde nicht im Gemeindebach enden."

Hinter der Schlafzimmertür hoffte Frieda, daß sie sich alles würde merken können.

„Wozu brauchst du eigentlich die Pistole, Seppi?" fragte Notburga jetzt.

„So halt", brummelte Hirschmann. „Zur Sicherheit."

„Geh, Seppi", lachte die Würzl. „Du bist doch an meiner Seite ganz sicher. Und ich verrat' dich bestimmt nicht, das weißt du ja."

„Ich weiß es schon", erwiderte Hirschmann. „Aber weißt du es? Ein Wort, und du machst Bekanntschaft mit meiner Pistole."

„Ich habe es dir ja gesagt. Ich habe vorgesorgt. Wenn mir etwas passiert, dann fliegt alles auf, darauf kannst du dich verlassen. Ich bin ja nicht deppert. Glaubst du, ich geb' was nur auf deine schönen Worte? Wie die Walburga noch gelebt hat, da habe ich gewußt, es kann nicht sein, daß du dich zu mir bekennst, aber dann, als sie so plötzlich tot war, da mußte es sich zeigen, wie du zu mir stehst. Ich habe ja auch immer zu dir gehalten. Leicht hätte ich der Polizei etwas sagen können. Habe ich nicht, wie du weißt. Nein, ich steh' zu dir. Aber ich kenne die Männer. Ihr seid alle undankbar. Eine Frau muß schauen, wie sie zu was kommt."

„Die Polizei steht auf meiner Seite", merkte Hirschmann an. „Damit kannst du mir gar nicht drohen."

„Aber nicht die in Graz", widersprach die Würzl. „Und die in Graz wird Bescheid wissen, wenn mir etwas passiert."

„Am besten scherst du dich gleich zu den Weibern da oben auf dem Hügel. Die glauben auch, sie könnten mir was anhängen." Hirschmann knirschte mit den Zähnen. „Die gibt es auch nimmer lang."

„Wie der Tierarzt da gelegen ist mit den Strümpfen und dem Tannenzweig. Ich kann einfach nicht glauben, daß das die gnädige Frau gemacht haben soll", meinte Notburga.

„Welche gnädige Frau?" fragte Hirschmann, nun wieder ein wenig wacher geworden.

„Na die, von der du eben gesprochen hast."

„Gnädige Frau sagst du zu der? Was hast du denn mit der zu schaffen?" fragte Hirschmann mißtrauisch.

„Nichts, Seppi, nichts", beruhigte ihn die Würzl. „Jetzt rieche ich es auch. Es riecht tatsächlich nach frisch gebrühtem Kaffee. Soll ich nachschauen gehen?" Sie ahnte, daß es für sie nur Ärger bedeuten könnte, wenn Hirschmann erführe, daß sie von Zeit zu Zeit mit der gnädigen Frau und der jungen Dame plauderte. Und sie wollte auf keinen Fall ihr neues Leben mit Geschirrspüler und beleuchteter Bar gefährden.

„Was willst du denn nachschauen?" fragte Hirschmann sarkastisch. „Ob jemand in unserer Küche Kaffee gekocht hat? Frau, bist denn du bei Trost? Hier wohnt niemand außer uns, und der Geist von der Walburga geht auch nicht um."

Als Hirschmann es so aussprach, erschien es Notburga plötzlich auch unwahrscheinlich.

„Außerdem gibt es gar keinen Grund, Angst zu haben", sprach Hirschmann weiter und schien sich selbst beruhigen zu wollen. „Ich bin mit denen zur Zeit super. Ich habe alle Lieferungen bezahlt. Das Geschäft geht weiter, jetzt nach dem Tod von der Walburga. Kein Grund zur Sorge. Warum sollten die bei mir einsteigen? Leg dich nieder und schlaf."

„Premarin, jetzt hab ich's", sagte die Würzl. „So haben die Pillen geheißen. Premarin. Das ist ja gar nicht so schwer. Warum hab' ich mir das nur nicht merken können?"

„Hol sie dir aus der Apotheke", sagte Hirschmann. „Und geh damit nicht meinen Geschäftspartnern auf die Nerven."

Frieda horchte noch eine kleine Weile, ob das Gespräch weitergeführt wurde. Sie hatte bisher keine bunte Plastiktasche gefunden, aber die Witwe hatte sie außerdem darauf hingewiesen, daß der Inhalt wahrscheinlich sowieso schon lang ausgepackt worden sei. *Premarin,* dachte sie. *Das muß ich mir merken. Am besten, ich schaue im Badezimmer nach, ob ich dort solche Pillen finde. Vielleicht kann die Schwarze Witwe etwas damit anfangen. Und außerdem komme ich dann nicht mit leeren Händen zurück.* Sie ging lautlos ins Badezimmer. Diesmal allerdings machte sie Licht, denn sie wollte sich anschauen, was sich dort finden ließ.

25

Nina konnte kaum noch stehen, die Beine wurden ihr müde. Allmählich hatte sich ihre Anspannung in eine Art Ergebenheit in das, was geschehen würde, verwandelt. Sie versuchte, nicht zu denken. Sie hatte das Gefühl, bereits Stunden zu warten. Sie hätte sich kaum gewundert, wenn gleich die

Sonne aufgegangen wäre. In Wahrheit war keine Stunde vergangen. Sie versuchte sich ein wenig in Meditation. Wenn ihr nicht so kalt gewesen wäre, wäre sie eingenickt. Plötzlich sah sie in einem Fenster ein weiteres Licht. Auf einmal war sie wieder hellwach und angespannt. Ihr Atem ging schneller. *Schneewittchen, was machst du?* dachte sie. *Wieso brennt da Licht? Was ist los da oben? Und ich stehe hier und kann nichts tun. Laß dich nur nicht erwischen. Los, Frieda, komm schon, mir reicht es. Ich will heim zur Witwe. Ein Glas Rotwein am Kamin. Klara auf den Füßen. Was tu ich hier eigentlich? Komm schon, komm schon, komm schon.* Sie trat vor Nervosität, Ungeduld und Angst von einem Fuß auf den anderen.

Mit einemmal ging das Licht im gesamten Haus an, ein durchdringender, sirenenartiger Ton heulte auf. Nina ging in die Hocke und fühlte sich am Ende ihres Lebens angelangt. Sie verkroch sich in den Hausschatten und hielt sich vorsichtshalber den Mund zu, um nicht vor Angst aufzuschreien.

„Seppi", hörte sie die Würzl im Haus schreien. „Die depperte Alarmanlage ist wieder losgegangen. Tu doch was."

Nina hörte, daß Seppi etwas antwortete, aber sie konnte nicht verstehen, was. Aus dem Tonfall ging jedoch hervor, daß er sehr ärgerlich sein mußte.

Frieda, was hast du gemacht? dachte sie unter dem Geheul der Sirene. Sie beschloß, sich nicht zu rühren, bis Seppi die Alarmanlage abgestellt hätte, und dann auf einen günstigen Moment zu warten, um nach Hause zu laufen. *Oder soll ich doch lieber auf Frieda warten? Wer weiß, ob sie sie erwischt haben, und wenn, dann ist sie halt die Wahnsinnige, die sie ja schon kennen. Es kann ihr nichts passieren. Aber wenn die mich hier erwischen, dann ist der Teufel los.*

Mittlerweile hatte Seppi den Knopf der Alarmanlage gefunden und sie ausgestellt. In den umliegenden Häusern blieb zu Ninas Erstaunen alles dunkel.

„Diese verdammten Katzen!" hörte sie die Würzl schimpfen. „Das ist jetzt schon das fünftemal in diesem Monat, daß die Anlage losgeht. Warum hast du die nur angeschafft? Reicht die Pistole nicht?"

„O Baby Baby, balla balla", sang es leise hinter ihr.

Nina fuhr herum. „Frieda?" fragte sie.

Frieda lachte leise mit ihrer rauhen Stimme. „Ich laß' die Alarmanlage immer mal wieder losgehen. Weißt du, dann haben sie sich schon daran gewöhnt, wenn ich wirklich einmal versehentlich dagegen komme."

„Und wie bist du hineingekommen, ohne den Alarm auszulösen?" fragte Nina.

„Das ist gar nicht so schwer", lachte Frieda.

„Wie halten die Zwerge es nur mit dir aus", sagte Nina und stand auf. Die Beine taten ihr weh.

26

Dieser Morgen hätte auch in einem anderen Monat beginnen können als ausgerechnet November. Die Sonne ging auf und versprach einen schönen Tag. Am Himmel war kein Wölkchen zu sehen. Die Luft war vergleichsweise mild, und auf den Wiesen lag kaum Morgentau. Es roch ein wenig nach Hafen und Adria. Kaum zu glauben, daß vor kurzer Zeit Schnee gefallen war. Der nahende Winter war an diesem Tag ein vollkommen unwahrscheinliches Ereignis und allenfalls so harmlos wie eine romantische Postkarte mit Winterlandschaft. Die Schwarze Witwe hüllte sich in eine warme Jacke und stapfte noch ungekämmt mit ihrem Kaffeehäferl in der Hand aus dem Haus und über die Wiese. Auch Klara hatte das Haus verlassen. Sie nahm eine andere Richtung als die Witwe. Zu dieser Stunde ging sie gern ihrer Wege und liebte es, gedankenverloren herumzuschnuppern. Eventuelles Geklopfe menschlicher Finger auf ihrem Fell konnte sie dann nicht vertragen, auch wenn sie wußte, daß es gutgemeint war und den Menschen das Gefühl von Einsamkeit vertrieb.

Die Schwarze Witwe nahm einen Schluck ihres dünnen Kaffees und betrachtete versonnen die Tautropfen in einem Spinnennetz. Sie hatte Nina in der Nacht gehört, als sie nach Hause gekommen war, aber sie war zu müde gewesen, um vollends aufzuwachen. Sie fand die Exkursion Ninas und der verrückten Frieda zwar aufregend und wichtig, aber ihr ungestörter Schlaf war ihr mit den Jahren beinahe heilig geworden. Hätte es Weltbewegendes gegeben, hätte Nina sie aufgeweckt, da war sie sich sicher gewesen. Ansonsten war der Tag dazu da, die Ereignisse der Nacht zu erörtern.

Nun gehörte auch der frühe Morgen ihr ganz allein, so daß sie sich ungestört ihren Gedanken hingeben konnte.

Wer war diese Walburga Hirschmann? Wie hat sie gelebt? Was hat sie gedacht? Woran hat sie geglaubt? Sie mußte mehr über die Tote in Erfahrung bringen. *Sie scheint keine Kinder gehabt zu haben. Eigentlich ungewöhnlich für diese Gegend. Hier haben alle vier, fünf, sechs und mehr Kinder. Und ausgerechnet Frau Hirschmann war kinderlos.*

Unten im Tal sah sie ein Auto Richtung Dorf fahren. Sie kniff die Augen zusammen und versuchte zu erkennen, wer es war. Schnell lief sie dann ins Haus und griff sich das Fernglas, das Nina vor einigen Tagen angeschafft hatte und das seitdem griffbereit auf der Kommode in der Diele lag.

„Schau an, der Hirschmann", sagte sie leise. „Wieso ist der denn schon so früh unterwegs?" Dann sah sie hinter dem Hirschmann-Auto einen Wagen der örtlichen Gendarmerie auftauchen und staunte nicht schlecht, als die beiden Fahrzeuge an den Straßenrand steuerten und hielten. Sie sah Hirschmann und einen Gendarmen aussteigen, den sie als Revierinspektor Keuch identifizierte. Die beiden standen sich gegenüber, und wie es schien, tauschten sie nicht nur Worte aus, sondern auch etwas, das wie ein Briefumschlag aussah.

„Wenn ich das in einem Roman schreibe, glaubt mir das keine Sau", murmelte die Schwarze Witwe.

27

Der idyllische Friedhof von Jagerberg lag unterhalb der Kirche am Hang. Alle Gräber waren reich mit Blumen bepflanzt. Kein Grab war ungepflegt oder verwildert. Sollten sich die Toten am Tage des Jüngsten Gerichtes aus ihren Gräbern erheben, wie es brave Christen erwarteten, fänden sie lauter akkurat abgezirkelte, penibel gepflegte Minivorgärten vor. Der Friedhof war menschenleer, auch die auf städtischen Friedhöfen obligaten Witwen, die nun endlich zwei Quadratmeter eigenes Land besaßen, fehlten. Einzig die Schwarze Witwe und die Hausamazone gingen durch die Reihen und studierten die Inschriften der Grabsteine.

„Schau mal, was hier steht." Nina las vor: „Ruhe sanft, bis wir uns wiedersehen." Sie lachte. „Hübsche Drohung, was?"

Die Witwe kicherte. „In Tirol soll es auf einem Friedhof einen Grabstein geben, auf dem steht: Und du hast gesagt, es ist nichts Ernstes." Beide lachten schallend.

„Was soll ich denn mal auf deinen Grabstein schreiben?" fragte Nina.

„Am besten etwas Praktisches", meinte die Schwarze Witwe. „Vielleicht: Einfach weiteratmen. Und auf deinem wird stehen: Wie sieht es hier denn wieder aus?"

Nina wollte sich ausschütten vor Lachen.

„Nein, nein", sagte die Witwe. „Eine anständige Matriarchin braucht diesen Friedhofsklimbim nicht. Verbrennt mich und tut die Asche auf den Acker, das wäre eine saubere Lösung, und ich hätte bis zum Schluß noch was zu tun."

„Mach ich, meine Alte." Nina legte liebevoll den Arm um ihre Gefährtin. „Das Gemüse, das mit dir gedüngt wurde, werden wir auf einem großen Fest verspeisen."

„Eigentlich keine schlechte Alternative zum Abendmahl", meinte die Witwe. „Fleisch und Blut eines jungen Mannes zu essen und zu trinken, ist im Vergleich ziemlich makaber."

Sie waren in die fünfte Grabreihe eingebogen. Das sechste Grab, das über einen prachtvollen Marmorgrabstein verfügte, war jenes, das die beiden Frauen gesucht hatten.

„Walburga Hirschmann", las Nina. „Da haben wir es ja."

Für einen Augenblick blieben die beiden Frauen in stummer Andacht stehen.

„Der Herr hat mich abberufen", las Nina weiter. „Klar, fragt sich nur, welcher Herr."

„Ein Herr war das jedenfalls nicht", erklärte die Witwe.

„Grüß Gott", sagte eine Stimme hinter ihnen.

Beide Frauen drehten sich um und rissen die Augen auf. Vor ihnen stand Walburga Hirschmann.

„Wie kommen Sie denn hierher?" fragte die Witwe fassungslos.

„Mit dem Auto", sagte Walburga. „Ich bin seit der Beerdigung meiner Schwester nicht mehr hiergewesen."

„Sie sind die Schwester?" fragte Nina

„Ich bin die Schwester." Die Schwester lachte. „Ich weiß, Walburga und ich sehen einander sehr ähnlich. Seit ihrem Tod sind schon einige bei meinem Anblick erschreckt."

„Die Schwester", murmelte die Witwe grübelnd. „Walburga hat eine Schwester. Sie schickt die Göttin. Kommen Sie, ich muß mit Ihnen sprechen." Sie ergriff Walburgas Schwester bei der Hand und zog die erstaunte Frau hinter sich her. „Sie sehen ja, Walburgas Grab ist in bester Ordnung, darum brauchen Sie sich nicht zu kümmern. Aber mit Walburgas Tod ist nicht alles in Ordnung, und vielleicht können Sie uns weiterhelfen."

„Wer sind Sie?" fragte die Schwester widerstrebend und leicht verängstigt.

„Verzeihen Sie unser Verhalten", sagte Nina. „Aber es ist dringend. Haben Sie ein wenig Zeit? Könnten Sie uns auf einen Kaffee begleiten?"

Als die Schwester nickte, waren sie schon beinahe am Ausgang des Friedhofs angelangt.

Irmgard Raffertzeder beobachtete die beiden Frauen, die ihr gegenüber auf der anderen Seite des Kaffeehaustisches saßen, und hatte irgendwie ein Gefühl von Erleichterung. Erleichterung, daß die Bedrohlichkeit der Begegnung sich aufgelöst hatte, und Erleichterung, daß außer ihr noch andere Menschen Bedenken über die Todesumstände ihrer Schwester hegten. „Walburga hat sich hier nie wohl gefühlt", erzählte sie. „Wir sind aus Feldbach, und wenn es Ihnen als Fremden auch kaum vorstellbar sein mag, trennt die Feldbacher von den Jagerbergern einiges."

„Zum Beispiel?" erkundigte sich Nina.

„Ungefähr hundertfünfzig Jahre", meinte die Witwe und fügte erklärend hinzu „Die sind hier um mindestens hundertfünfzig Jahre hinter der Zeitentwicklung zurück."

„Außerdem sind wir wirklich Fremde", ergänzte Walburgas Schwester. „Wir leben hier seit siebenunddreißig Jahren, aber wir sind eigentlich Deutsche aus dem Banat."

„Von wo?" fragte Nina.

„Der Banat liegt in Rumänien. Das ist das Gebiet, wo Ceaucescu noch vor einigen Jahren alles dem Erdboden gleichmachen wollte, um ein Riesenprojekt zu bauen. Dort lebten bis zum Fall des Eisernen Vorhangs Deutsche, deren Vorfahren sich vor dreihundert Jahren angesiedelt haben."

„Deutsche?" fragte Nina ungläubig. „In Rumänien?"

„Genau genommen sind wir Schwaben", sagte Irmgard. „Aber im Banat siedelten auch Franzosen, Italiener und Spanier. Deutsch waren bis 1989 etwa zweihunderttausend Menschen. Heute lebt kaum jemand noch dort. Sie sind alle in den Westen gegangen. Walburga und ich, wir sind schon 1956 aus Rumänien geflüchtet. Seitdem lebten wir in Feldbach. Die Wally ist dann später nach Jagerberg gezogen, als sie den Hirschmann geheiratet hat."

„Haben Sie noch Kontakt nach Rumänien?" fragte die Witwe.

„Nein." Irmgard schüttelte den Kopf. „Aber Walburga ist vor einigen Jahren einmal hingefahren und hat Verwandte gesucht. Soweit ich weiß, hat sie irgendeinen Cousin von uns wiedergefunden. Mehr weiß ich auch nicht darüber. Wir haben uns nicht oft gesehen. Ihr Mann war dagegen."

„Der Hirschmann?" fragte die Witwe.

Irmgard nickte. „Er ist nicht immer so eigenartig gewesen. Als sie ihn kennenlernte, war er ein Bursche wie andere auch. Aber später hat er sich sehr verändert. Und als er dann zu Geld gekommen ist, kam niemand mehr mit ihm aus."

„Wann ist er denn zu Geld gekommen und vor allem, wie?" fragte die Witwe.

„Ich weiß es auch nicht genau, die Walburga hat nie darüber gesprochen", sagte Irmgard. „Sie war eine sehr einsame Frau, die nicht viel Freude im Leben gehabt hat. Ein Jahr nachdem der Eiserne Vorhang gefallen war, hat der Hirschmann das neue Haus hingebaut. Da haben sie plötzlich viel Geld gehabt. Aber nicht nur sie. Der Bauer, der neben ihnen wohnt, der Buchner, hat seinen Hof plötzlich auch sehr ausgebaut. Der hat da eine Schweinezucht mit tausend Stück."

„Warum hat sie keine Kinder gehabt?" fragte Nina.

„Was hat er nur gemacht, daß dann auf einmal das große Geld da war?" sinnierte die Witwe.

„Ich zuerst", sagte Nina.

„Was hast du denn gefragt."

„Warum sie keine Kinder gehabt hat."

„Ich glaube, sie hätte gern eins gehabt", sagte Irmgard. „Aber es hat nun mal nicht geklappt. Über diese Dinge haben wir zwar nie gesprochen, aber ich glaube, Sex oder so etwas war ihr zuwider. Sie hätte sich, glaube ich, auch gern scheiden lassen. Aber Sie wissen ja, wie schwer das ist."

„Nein, das wissen wir nicht", sagte Nina.

„Ich schon", sagte die Witwe. „Das ist hier wohl auch nicht gerade üblich, kann ich mir vorstellen."

Irmgard nickte. „Das ist halber Selbstmord, also zumindest sozialer Selbstmord ist es."

„Sind Sie verheiratet?" fragte Nina.

Irmgard Raffertzeder schüttelte den Kopf. „Ich bin Witwe. Mein Mann starb schon sehr früh."

„Glauben Sie, daß Walburga eines natürlichen Todes gestorben ist?" fragte die Witwe.

„Nein, das kann ich mir nicht vorstellen. Ich kann mir aber auch nicht vorstellen, daß sie sich umgebracht hat."

„Das ist sogar sehr unwahrscheinlich", sagte die Witwe. „Es ist kaum möglich, sich in flachem Wasser zu ertränken. Der Reflex, atmen zu wollen, ist zu stark."

„Vielleicht hat die Kindsmörderin sie umgebracht", sagte Irmgard.

„Die Kindsmörderin?" fragte Nina. „Kennen Sie Frieda? Was wissen Sie über sie?"

„Nicht mehr als andere", erwiderte Irmgard. „Das meiste weiß ich nur vom Hörensagen, also eigentlich nur von meiner Schwester."

„Was wissen Sie denn?" erkundigte sich die Witwe.

„Der Hirschmann soll der Vater gewesen sein", sagte Irmgard. „Jedenfalls hat Wally mal gesagt, ich würde mich nicht wundern, wenn der Hirschmann ihr das Kind gemacht hat."

„Daß der Hirschmann der Vater war, wissen wir bereits", sagte die Witwe. „Was wissen Sie darüber, ob die Frieda ihr Kind umgebracht hat, und wieso glauben Sie, sie könnte ihre Schwester getötet haben?"

„So einer ist doch alles zuzutrauen", meinte Irmgard.

„So einer?" fragte Nina nach.

„Naja, einer, die seelisch krank ist", erklärte Irmgard.

„Was für ein himmelschreiender Blödsinn", sagte die Witwe empört. „Woher wissen Sie, daß Frieda ihr Kind umgebracht hat?"

Irmgard Raffertzeder wurde rot und schwieg betreten.

„Frau Raffertzeder, ich bitte Sie im Angedenken an Ihre Schwester, sagen Sie mir, was Sie wissen. Hat die Frieda ihr Kind umgebracht?"

„Nein", hauchte Irmgard.

„Wie bitte?" fragte die Schwarze Witwe.

„Nein", sagte Irmgard mit etwas festerer Stimme. „Ich weiß von Wally, daß die Frieda ihr Kind nicht umgebracht hat." Die Tränen traten ihr in die Augen. Sie nestelte eine Weile an ihrer Handtasche, bis sie endlich ein Taschentuch hervorgeholt hatte, und wischte sich damit über die Augen. „Es hat gelebt und war ein gesundes kleines Mädchen. Das weiß ich von Wally." Sie preßte sich das Taschentuch auf den Mund und unterdrückte ein Schluchzen.

„Was wußte die Wally davon?" fragte die Witwe und tätschelte der weinenden Frau die Hand.

„Sie konnte doch keine Kinder bekommen. Und sie hat sich so sehr Kinder gewünscht", sagte die.

„Kann ich überhaupt nicht verstehen", murmelte Nina.

Die Witwe trat ihr unter dem Tisch gegen das Schienbein.

„Und dann hat sie erfahren, daß die Verrückte da oben auf dem Hof ein Kind bekommen hat. Alle haben sich gefragt, wer der Vater ist. Aber Wally hat irgendwie geahnt, daß es der Josef gewesen ist. Sie ist einmal hinzugekommen, wie der Buchner und der Josef miteinander gestritten haben, und es ist wohl um die da oben gegangen. Jedenfalls hat es da eine Andeutung vom Buchner gegeben, was dem Hirschmann eingefallen sei, der Depperten ein Bankert zu machen. Wally hat es kaum glauben können. Und Weihnachten dann hat der Hirschmann die Kleine mit heimgebracht. Wally hat gesagt, es sei das schönste Weihnachtsgeschenk ihres Lebens gewesen, auch wenn es von der Depperten stammte."

„Walburga Hirschmann hat Friedas Baby bekommen?" fragte die Witwe ungläubig.

„Nein", hauchte Irmgard. „Er hat es nur die eine Nacht im Haus behalten. Am nächsten Morgen hat er es fortgebracht."

„Widerlich", sagte Nina. „So einer gehört eingeschläfert."

„Nina, wie redest du denn", mahnte die Witwe. „Auch der Hirschmann ist immerhin ein Mensch."

„Ja?" fragte Nina. „Da bin ich mir manchmal nicht so sicher. Und wenn, dann frage ich mich, ob ich ein Mensch sein will, wenn so einer ein Mensch ist. Und überhaupt, was regst du dich auf? Auch Frieda ist ein Mensch, und was hat dieses Ungeheuer ihr angetan, ohne daß sich jemand aufregt. Statt dessen nimmst du diesen Hirschmann in Schutz."

„Nein, das tue ich nicht, mein Engel", widersprach die Schwarze Witwe. „Ich kann deinen Zorn und deine Wut verstehen. Ich teile sie sogar."

„Ach wirklich?"

„Jetzt blas dich nicht so auf, Nina. Laß uns lieber kühl und zielgerichtet den Typen zur Strecke bringen."

„Was können wir schon ausrichten?" mischte Irmgard Raffertzeder sich ein. „Der Hirschmann ist Jäger, und die sind alle miteinander verbandelt und mit der Gendarmerie dazu."

„Das ist mir vollkommen klar", sagte die Witwe. „Das habe ich gerade heute morgen mitansehen dürfen. Aber mich würde doch sehr interessieren, warum Sie glauben, die Frieda hätte Ihre Schwester getötet, wenn Sie wissen, daß sie keine Kindsmörderin ist. Und wohin hat der Hirschmann Friedas kleine Tochter gebracht?"

„Sagten Sie nicht, Sie und Walburga sind Rumäninnen?" fragte Nina.

„Nein", widersprach Irmgard. „Wir sind Deutsche aus dem Banat. Der Banat liegt in Rumänien. Aber ich war seit unserer Flucht nie mehr dort und die Wally nur einmal nach dem Sturz von Ceaucescu."

„Ich denke nur gerade an diese unzähligen schrecklichen Kinderheime, die danach im ganzen Land gefunden wurden. Cigid war das erste, das damals in die Presse kam. In diesen Heimen sind alle unerwünschten Kinder Rumäniens gelandet. Wer weiß, ob der Hirschmann die Kleine nicht auch dort hat verschwinden lassen. Ein idealer Ort, um ein Kind loszuwerden, ohne daß einer es umbringen muß und die Last mit der Leiche hat. Und da hat man die Kinder einfach verhungern lassen, nachdem an ihnen Versuche mit Medikamenten der deutschen Pharmaindustrie gemacht worden waren." Die Schwarze Witwe war auf einmal ganz blaß.

Auch Irmgard Raffertzeder schwieg entsetzt. „Die Wally hätte dieses Kind so gern angenommen", sagte sie leise.

„Die Frieda hätte ihr Kind so gern behalten", sagte Nina.

Die Raffertzeder versank erneut in betretenes Schweigen. Unruhig huschten ihre Augen über den Tisch, als wäre dort etwas, das ihr Halt geben könnte.

„Die Frage ist, wie wir das herausbekommen", sagte die Schwarze Witwe. „Erst wenn wir das Kind gefunden haben, können wir den Hirschmann zur Strecke bringen." Sie wandte sich Irmgard Raffertzeder zu. „Sie haben mir noch immer nicht die Frage beantwortet, wieso Sie glauben, die Frieda hätte die Wally umgebracht."

„Aus Rache vielleicht", schlug Irmgard vor.

Die Witwe schüttelte den Kopf. „Dann hätte sie es schon früher gemacht, gleich, nachdem sie aus der Psychiatrie entlassen worden war. Und warum Wally und nicht Hirschmann? Das ist doch völlig unlogisch."

„So unlogisch finde ich es nicht", widersprach Irmgard. „Es ist doch möglich, daß sie ihr Ziel langfristig verfolgt hat, um keinen Verdacht auf sich zu ziehen. Und mit dem Tod von Wally trifft sie Hirschmann doch viel mehr. Wer weiß, vielleicht gibt es außer Ihnen noch andere, die ihn verdächtigen, die eigene Frau umgebracht zu haben. Es kann doch sein, daß sie damit gerechnet hat, daß alle ihm den Tod seiner Frau in die Schuhe schieben."

„Da ist was dran", sagte Nina.

„Ja, gut, vielleicht ist es nicht unlogisch", räumte die Witwe ein. „Aber etwas in mir sträubt sich, das zu glauben. Ich habe meinem Gefühl vertraut, als ich Frieda geglaubt habe, daß ihre kleine Tochter entführt worden ist. Und mein Gefühl sagt mir, daß sie Ihre Schwester nicht getötet hat."

„Wie gut, daß du keine Kriminalkommissarin bist", sagte Nina. „Da zählten nämlich Fakten und nicht dein Gefühl."

„Nenn es von mir aus Instinkt oder Intuition", erwiderte die Schwarze Witwe. „Wesentlich ist, daß die Fakten allein gar nichts sagen. Ohne Intuition kommt man nicht weiter."

Es muß Intuition gewesen sein, die Nina und die Schwarze Witwe dazu brachte, sich gleichzeitig umzudrehen und zur Eingangstür zu schauen.

In der Tür stand der Buchner-Bauer, der im frisch renovierten kleinen Café mit seiner derben Arbeitskleidung ein wenig deplaziert wirkte. Auf dem Kopf hatte er einen Hut aus beigefarbenem Cordstoff. Unter dem Blaumann trug er ein zu enges kariertes Flanellhemd, die Füße steckten in schweren Gummistiefeln. Wie vom Donner gerührt blieb er stehen und starrte die drei Frauen an.

„Der denkt bestimmt, daß Sie die Wally sind." Die Witwe grinste. „Sieht er nicht aus wie das leibhaftige schlechte Gewissen?"

„Du übertreibst", sagte Nina. „Der glotzt einfach nur. Ist dir noch nicht aufgefallen, daß wir hier auf dem Land immer und überall angestarrt werden?"

„Nein, nein, der schaut anders", widersprach die Witwe. „Den hat unser Anblick kalt von hinten erwischt. Fragt sich nur, was ihn so aus seinen Socken haut. Wir? Oder glaubt er, daß eine Tote am Tisch sitzt?"

Sie lehnte sich zurück und schlug die Beine lässig übereinander. „Grüß Gott, Herr Buchner", brüllte sie quer durch das Café, in dem es schlagartig still wurde.

Der Buchner-Bauer blieb noch einige Sekunden erstarrt stehen, bis sich die frontale Zuwendung der Schwarzen Witwe in sein Hirn durchgearbeitet hatte. Dann drehte er sich abrupt um und verließ das Lokal.

„Was hat er denn?" fragte die Witwe. „Ich wollte doch nur nett sein."

„Schatz, wenn du versuchst, nett zu sein, können schon mal die Gläser klirren, so bist du halt", sagte Nina. „Laß den armen Mann, der muß sich jetzt ein wenig erholen."

„Da brauchen Sie gar nicht so zaghaft zu sein", sagte Irmgard. „Der ist Schweinebauer, ein grober Klotz. So einer muß etwas vertragen können. Er geht ja auch nicht gerade sanft mit seinen Tieren um."

„Na bitte", sagte die Schwarze Witwe. „Warum ihm nicht ein wenig Angst machen."

„War Wally eine ängstliche Frau?" erkundigte sich Nina.

„Das kann ich eigentlich nicht sagen", erwiderte die Schwester. „Von uns beiden war sie zwar die Vorsichtigere, aber richtig ängstlich war sie, glaube ich, nicht. Sie hätte halt niemals ihrem Mann widersprochen oder sich gegen ihn gestellt. Da hätte schon viel passieren müssen, daß sie sich das getraut hätte."

„Stimmt es, daß sie nie Medikamente genommen hat?" fragte Nina weiter.

„Soweit ich weiß, war Wally immer gesund. Die hat keine Pulver nehmen müssen", antwortete Irmgard. „Sie war halt zu dick. Essen war ihre große Schwäche. Und kochen konnte sie, schade, daß Sie sie nicht kennengelernt haben. Ihr Schweinebraten, einmalig. Fleisch war ihre Leidenschaft. Wir haben sie fleischfressende Pflanze genannt."

„Da saß sie ja neben dem Buchner gleich an der Quelle", bemerkte Nina trocken.

„Sagen Sie, Frau Raffertzeder", sagte die Witwe gedehnt. „Haben Sie Kinder?"

„Ja, eine Tochter." Plötzlich wirkte sie ein wenig nervös.

„Wie alt ist sie denn?" erkundigte sich die Witwe.

„Sie ist gerade achtzehn geworden. Warum fragen Sie?"

„Ach, nur so." Die Schwarze Witwe winkte der Kellnerin. „Wir müssen gehen. Daheim wartet jemand auf uns."

28

In der Küche sah es aus, als sei Schnee gefallen. Klara lag mit prallem Bauch auf der Seite und rührte sich nicht. Frieda steckte mit beiden Armen bis zum Ellenbogen in einer großen Schüssel mit Teig, und Sabine holte gerade ein Blech frisch gebackener Zimtsterne aus dem Rohr.

„Let's talk about Keks, Baby", sang Sabine laut und Frieda fiel ein: „O Baby Baby, balla balla."

„Ist es nicht wunderbar, eine große Familie zu haben?" fragte Nina.

Die Witwe lachte. „Was uns noch fehlt, ist eine Putzfrau."

„Hallo, da seid ihr ja", sagte Sabine mit vor Aufregung rotem Gesicht.

„Wir backen für Weihnachten", sagte Frieda. „Schaut nur, was wir schon alles fertig haben. Ihr werdet staunen. Es soll eine Überraschung sein."

Klara hechelte. Um nicht unhöflich zu sein, klopfte sie leicht mit dem Schwanz auf den Boden. Zu mehr fühlte sie sich im Augenblick nicht imstande. Der Stoffwechsel erforderte ihre gesamte Kraft und Aufmerksamkeit.

„Kekse", sagte Nina in einem Tonfall, der eher klang wie „Regenwürmer". „Wer mag denn Kekse?"

„Klara zum Beispiel." Die Schwarze Witwe griff zum Putzschwamm. „Ach, es ist doch ganz nett. So etwas hatten wir schon seit Jahren nicht mehr."

„Wir haben ja auch seit Jahren nicht mehr Weihnachten gefeiert", sagte Nina.

„Wäre auch zu blöd gewesen, nur für uns beide", sagte die Witwe. „Aber jetzt, wo wir zu viert sind, könnten wir doch einmal so richtig Weihnachten feiern."

„Was heißt hier zu viert?" wandte Nina ein. „Du vergißt Friedas Begleiter. Den grauen Mann und die sieben Zwerge."

„Das wird ja beinahe ein wenig eng bei uns", lachte die Witwe.

„Also, ich hoffe doch, daß wir bis dahin den Fall gelöst haben und Frieda auf ihren Hof zurück kann."

„Nina, komm bitte mit vors Haus." Die Witwe nahm die Hausamazone am Arm.

Erstaunt folgte Nina ihr vor die Tür.

„Nina, ich möchte, daß dir etwas klar wird. Wir beide

stecken im Augenblick ganz schön in der Patsche", sagte die Schwarze Witwe, nachdem sie einen Augenblick in den sternenklaren Himmel geblickt hatte. So sehr sie auch Probleme beschäftigten, vergaß sie nie, den weiten Nachthimmel anzuschauen, seit sie auf dem Land lebte.

„Wieso stecken wir in der Patsche, mein Liebling?" erkundigte Nina sich gut gelaunt. Offensichtlich war sie anderer Meinung.

„Ich bin der Ansicht, daß wir nur dann Licht in diesen Fall bringen, wenn wir Friedas Kind finden."

„Und? Was spricht dagegen – außer dem Aufwand?"

„Es könnte sein, daß das Ergebnis unserer Recherchen Frieda sehr wehtut", gab die Schwarze zu bedenken.

„Du meinst, wenn das Kind tatsächlich in einem dieser grauenhaften Kinderheime in Rumänien gelandet ist?"

Die Witwe nickte.

„Aber wer hier im Westen hat denn damals gewußt, daß diese Heime in Rumänien existieren?" gab Nina zu bedenken. „Und selbst wenn, bleibt noch die große Frage, wie Hirschmann den Eisernen Vorhang überwinden konnte."

Die Witwe wiegte den Kopf. „Das ist natürlich nicht sehr wahrscheinlich, da hast du recht. Aber angenommen, er hat davon gewußt, dann war es gar nicht so schwierig, den Eisernen Vorhang zu überwinden. Der war nur von Ost nach West undurchdringlich. Andersherum gab es immer Schlupflöcher." Sie seufzte tief. „Selbst wenn dem Kind das erspart geblieben ist, kann es doch sein, daß es ihm nicht gutgegangen ist. Oder wenn es in guten Verhältnissen lebt, will es vielleicht mit einer Mutter wie Frieda nichts zu tun haben."

„Für mich ist Frieda ein besonderer Mensch", sagte Nina.

„Für mich auch, mein Engel, aber für viele Leute ist sie eine beängstigende Erscheinung, das darfst du nicht übersehen", erwiderte die Witwe.

Beide Frauen schwiegen nachdenklich.

„Wenn ich noch rauchen würde, wäre dies der Zeitpunkt für eine Zigarette", meinte Nina.

„Fang ja nicht wieder damit an", warnte die Witwe. „Es reicht, wenn Sabine uns das Haus vollmieft."

„Reg dich nicht auf", beruhigte Nina sie. „Ich habe Verantwortung für mich übernommen. Ich brauche solche Formen der Selbstzerstörung nicht mehr. Ich bleibe clean."

„Freut mich zu hören." Die Witwe traute Nina offenbar nicht so ganz.

„Ich finde, Frieda hat ein Recht auf die Wahrheit", sagte Nina. „Ihr sind schreckliche Dinge angetan worden. Das läßt sich nicht wiedergutmachen, aber zumindest sollte sie wissen, was aus ihrem Kind geworden ist."

„Frieda glaubt doch, es bereits zu wissen", meinte die Witwe. „Ich frage mich, ob wir sie nicht in dem Glauben lassen sollen, daß Sabine ihr verlorenes Kind ist."

„Sie ist es aber nicht", sagte Nina. „Sabine kann nicht ewig bei uns bleiben. Sie muß zurück in ihr eigenes Leben. Und sie kann es nicht auf Illusionen aufbauen. Irgendwann wollen die Behörden sie wiederhaben."

„Darüber reden wir ein andermal", wich die Witwe aus. „Jetzt geht es um Frieda."

„Eben nicht", sagte Nina. „Es geht nicht nur um Frieda. Was ist mit Hirschmann? Er hat Frieda vergewaltigt, und er hat ihr Kind entführt. Soll er damit durchkommen? Ganz abgesehen von seiner Frau. Wollten wir nicht die Umstände, unter denen Walburga zu Tode gekommen ist, aufklären?"

Die Schwarze Witwe nickte nachdenklich. „Also gut", sagte sie schließlich. „Dann suchen wir Friedas Kind. Sag mal, fandest du es nicht auch merkwürdig, daß Walburgas Schwester eine Tochter in genau dem Alter hat wie Friedas kleines Mädchen?"

„Das ist mir auch aufgefallen", sagte Nina. „Und sie hat sehr nervös reagiert, als du nach ihrer Tochter gefragt hast."

„Hm", machte die Schwarze Witwe. „Ob die Schwester in der Sache mit drinsteckt?"

„Merkwürdig ist zumindest, daß ihr soviel daran gelegen ist, Frieda zur Mörderin zu machen."

„Ja, und den Hirschmann hat sie völlig ausgeklammert, obwohl der ein Kind entführt hat vor achtzehn Jahren."

„Vielleicht das Kind, das dann ihr Kind wurde? Es ist ja durchaus möglich, daß die Kinderlosigkeit in der Familie liegt. Walburga hätte das Kind von der Frieda nicht behalten können, ohne ins Gerede zu kommen, was der Hirschmann offenbar vermeiden wollte, weshalb er das Kind verschwinden lassen wollte. Aber eine Frau in Feldbach kann durchaus ein Kind annehmen, ohne daß irgend jemand dies mit den Ereignissen in unserem Dorf in Verbindung bringt. Und so zu Mutterfreuden gelangt, wird sie natürlich schön stillhalten. Auch wenn es um den Tod ihrer Schwester geht."

„Theoretisch könnte auch die Raffertzeder ihre Schwester umgebracht haben. Wer weiß, vielleicht wollte die Hirschmann im Neid auf Irmgards Mutterglück die ganze Sache auffliegen lassen. Das wäre doch durchaus ein Motiv."

„Daran habe ich noch gar nicht gedacht."

„Also noch eine Tatverdächtige. Die Sache wird immer komplizierter."

„Ach was, gegen das Chaos in unserer Küche ist das doch kinderleicht."

„Die arme Klara, sie wird ganz schön Bauchweh kriegen."

29

„Woher haben Sie die denn?" fragte Dr. Fidelsberger erstaunt und drehte die Schachtel mit den Tabletten hin und her.

„Das ist doch jetzt nicht so wichtig", sagte Nina. „Ich wüßte gern, was das ist und wofür es gebraucht wird."

„Das sind Tabletten gegen Wechseljahresbeschwerden bei Frauen", belehrte der junge Arzt sie. „So etwas brauchen Sie doch in Ihrem Alter noch nicht."

„So etwas werde ich auch nicht brauchen, wenn ich in die Wechseljahre komme", erklärte Nina.

„Ich frage mich nur, wie Sie an diese Originalpackung herangekommen sind", sagte Fidelsberger.

„Wieso Originalpackung?" fragte Nina.

„Premarin wird in Kanada hergestellt. Es wird aus dem Urin trächtiger Stuten gewonnen. Diese Packung stammt aus Kanada. Die gibt es hier nicht. Bei uns sehen die anders aus."

„Interessant", sagte Nina. „Und die zweite Schachtel?"

„Da kenne ich mich nicht aus", sagte Fidelsberger. „Das ist ein Antibiotikum für Tiere. Sehen Sie, Ampullen zum Spritzen. Aber soweit ich sehe, ist es keines der gängigen Präparate. Das muß auch von woanders stammen." Er betrachtete die Schachtel. „Vielleicht Ostblock", sagte er.

„Seit einigen Jahren gibt es keinen Ostblock mehr, falls Ihnen das noch nicht aufgefallen ist", sagte Nina.

„Äußerlich vielleicht", widersprach Fidelsberger. „Aber in den Köpfen der Leute ist er noch da. Sie werden sehen, es dauert nicht lange, und wir schließen vom Westen aus die Grenzen, die die anderen gerade erst geöffnet haben."

„Da könnten Sie recht haben." Nina nahm die Medikamente und packte sie wieder in ihre Tasche. „Jedenfalls danke ich Ihnen für die Auskunft."

„Warum haben Sie damals eigentlich behauptet, Frau Hirschmann sei Ihre Tante?" fragte er.

„Weil Sie mir sonst nichts gesagt hätten", antwortete Nina.

„Das stimmt."

„Haben Sie inzwischen noch etwas herausgefunden, was die Erkrankung nach dem Schlaganfall erklären könnte?" fragte Nina.

Der Arzt schüttelte den Kopf. „Stehen die Medikamente in irgendeinem Zusammenhang mit Frau Hirschmanns Tod? Ich meine, stammen die von Frau Hirschmann? Soweit ich weiß, hat sie keine Medikamente genommen."

Nina nickte. „Zumindest aus Frau Hirschmanns Haus. Aber wenn überhaupt, kommt ja wohl nur das Premarin in

Frage. Ich kann mir nicht vorstellen, daß Frau Hirschmann ein Antibiotikum für Tiere genommen hat."

„Wohl kaum", lachte der Arzt. „Und wie kommen Sie an Medikamente aus Frau Hirschmanns Haus?"

„Eine Freundin hat sie mir zukommen lassen", erwiderte Nina. „Was haben Sie denn gedacht? Daß ich bei Hirschmanns eingebrochen bin?"

„Natürlich nicht", beeilte sich Fidelsberger zu versichern.

„Auf was ihr Männer aber auch so kommt", wunderte sich Nina. „Wissen Sie, ich stehe nicht gern vor Rätseln, und die Umstände, die zu Frau Hirschmanns Tod geführt haben, sind mir ein Rätsel. Wenn Sie etwas dazu beitragen könnten, daß dieses Rätsel gelöst wird, wäre ich Ihnen sehr dankbar."

30

Sie hatten ihre Aktion gründlich vorbereitet. In langen, vorsichtigen Gesprächen hatten sie Frieda Schritt für Schritt dahin geführt, daß Sabine nicht ihre Tochter sein könne. Eine ganze Woche hatte Frieda gekämpft, daß das falsch sei. Wieder und wieder hatte der graue Mann sie verhöhnt und bedroht. Sie hatte geschrien und getobt. Am Ende sank sie in sich zusammen und brach jeden Kontakt mit der Außenwelt ab. Sie hatte ihre Zähne herausgenommen und sprach nicht mehr. Drei Tage blieb sie in diesem Zustand und nahm nur ein wenig Flüssigkeit zu sich. Sabine befürchtete schon, daß Frieda wieder in die Psychiatrie müsse. Aber die Schwarze Witwe meinte, es sei das Beste, sie den Weg in andere Welten ungehindert gehen zu lassen. Das sei ihre Art, mit dem Leben fertigzuwerden. Sie dürfe nicht mit Medikamenten oder anderer Behandlung gestört werden.

Es fiel Sabine schwer, Friedas Zustand zu ertragen. Auch

Nina war in einer nervösen Spannung gefangen, Friedas Verfassung erinnerte sie an eine Zeit, als sie selbst geglaubt hatte, wahnsinnig zu sein. Aber auch Nina hielt in festem Vertrauen auf die Worte der Schwarzen Witwe durch.

Sie sollte recht behalten. Frieda tauchte wieder auf und hatte auch diesmal den Kampf mit dem grauen Mann überlebt. Als sie wieder fähig war zu sprechen und zu handeln, ließ sie es zu, daß Sabine ihr ihre Zähne reichte. Sie strich dem jungen Mädchen über die Hände und drückte sie fest.

„Für mich bleibst du mein Kind", sagte sie.

Sabine erwiderte den Händedruck. „Für mich bleibst du immer meine Frieda."

„Aber wir müssen jetzt das verlorene Kind suchen", sagte Nina. „Es wartet irgendwo in dieser Welt auf dich, auch wenn es das nur unbewußt spürt."

Frieda nickte.

„Wenn der graue Mann ein für allemal aus deinem Leben verschwinden soll, müssen wir das Kind finden", sagte die Schwarze Witwe.

Frieda nickte wieder und richtete sich ein wenig auf. „Der graue Mann ist nicht so stark, wie er glaubt", sagte sie. „Er weiß nicht, daß ihr mich liebt. Er weiß gar nicht, was das ist."

„Und deshalb kann er auch nicht ahnen, wozu wir imstande sind", sagte Nina.

„Ich glaube, auch die ganz realen grauen Männer wissen nicht, wozu wir imstande sind", ergänzte die Witwe. „Wenn nur mehr Frauen auf dieser Welt wüßten, wie schnell die Macht der grauen Männer zerfällt, wenn die Frauen sich bewußt werden, wozu sie imstande sind."

Frieda verstand nicht ganz, wovon sie sprach. Aber sie stimmte zu.

„So", sagte die Witwe. „Das Schlimmste haben wir hinter uns. Was jetzt noch kommt, ist einfach, denn jetzt kommt es darauf an zu handeln." Das bedeutete, nun konnten sie sich auf die Suche machen.

Sie bereiteten auch den nächsten Schritt gründlich vor.

Wieder verging eine ganze Woche. Es war empfindlich kalt geworden. Die Tage gingen in grauem Hochnebel ohne Licht und Sonne gleichförmig dahin. Während in der Stadt mit voller Kraft der Angriff auf das Geld der Leute gestartet wurde und das Leben unter künstlichem Tannengrün, uniformierten Weihnachtsmännern und verlogenem Kinderkitsch zu ersticken drohte, fastete Nina in der Abgeschiedenheit. Die Witwe hatte Kerzen besorgt, und Frieda war Nacht um Nacht in den Wald gegangen, um die Unterstützung der Baumgeister und Luftwesen zu erbitten. Es gab keinen Glühwein mehr, und auch die Weihnachtskekse wurden nicht gegessen. Sabine half der Schwarzen Witwe bei der Zusammenstellung der Kräuter für den Tee, den alle in dieser Woche tranken. Im Haus und in der alten Keusche breitete sich eine Atmosphäre gespannter Konzentration aus.

Am Ende der Woche war Nina für die große Reise bereit.

Mit einem heißen Bad reinigte sie sich gründlich, bevor sie sich mit einem Sud aus Bingelkraut und anderen Wolfsmilchgewächsen übergoß, den die Schwarze Witwe für sie zubereitet hatte. Dann kleidete sie sich in neue und vor allem bequeme Gewänder.

In dem Raum, in dem Sabine und Frieda schliefen, brannten unzählige Kerzen. Sabine hatte im ganzen Raum Teller verteilt und Kerzen darauf gestellt. Auf einigen Tellern lagen zusätzlich Steine, auf anderen Federn. Auf einem lag der Stoßzahn eines Schweins. Manche waren mit Erde bedeckt, und in einer kleinen Schale befand sich Salzwasser. Nina legte sich auf Friedas Bett, weil sie da ohne größeren Aufwand Friedas Energie aufnehmen konnte. Dann nahm sie die Geburtsurkunde der kleinen Sabine Edlinger in die Hände und schloß die Augen. Sie begann tief und ruhig zu atmen.

Die Schwarze Witwe führte sie mit gezielten Worten in die Trance. Dann hockten die drei Frauen sich hin und hüteten Ninas Körper.

31

Nina wunderte sich immer wieder, wie leicht es war, den Körper zu verlassen. Ganz im Gegensatz zur Rückkehr, die ihr große Unlustgefühle bereitete und mit erheblichen Schmerzen verbunden war, war die Befreiung vom Körper leicht und vor allem lustig. Es war ein wenig wie plötzlich und unerwartet vom Schulbesuch befreit zu werden.

Es dauerte einige Zeit, bis sie sich daran gewöhnt hatte, daß die Fortbewegung nun keine Anstrengung mehr bedeutete. Obwohl es ihr nicht richtig schien, in Kategorien wie „oben" und „unten" zu denken, sah sie ihren Körper unten auf Friedas Lager liegen und auch, wie die drei Freundinnen bei ihrem Körper saßen und über ihn wachten. Sie entfernte sich, bis sie die Szenerie nicht mehr sehen konnte.

Ein Gefühl grenzenloser Einsamkeit überkam sie. Verwundert hielt sie inne. Das Papier in ihrer Hand, oder wo das Papier gewesen wäre, wenn sie eine Hand gehabt hätte, brannte wie Feuer oder wie tausend Brennesseln. Sie hörte ein Baby weinen und sah eine jüngere und wunderschöne Frieda außer sich schreien und toben. Sie sah Hirschmann mit jugendlich braunem Haar, den Haß und die Kälte in seinen Augen und die Gier, die ihn beherrschte.

Es war ihr klar, daß sie die Einsamkeit und Verlassenheit des Babys fühlte und nicht ihre eigene. Dieses Gefühl schien ihr eine gute Leitlinie zu sein, an der entlang sie vielleicht zum augenblicklichen Aufenthalt dieses Lebewesens finden könnte. Daher überließ sie sich diesem Gefühl, ließ sich hineinsinken, bis sie glaubte, darin zu ertrinken.

Es brachte sie an die Grenze dessen, was sie noch ertragen zu können glaubte. Mit einem Mal verstand sie, daß dies

Gefühl so heftig war, weil Säuglinge noch vollkommen ungefiltert Gefühle produzieren. Sie begriff, wie schmerzhaft der Beginn des Lebens für die meisten Menschenkinder sein mußte, die mit dieser Gefühlsintensität Erwachsenen ausgesetzt waren, die gedankenlos und unfähig im Umgang mit den kleinen Lebensanfängern waren. Als sie auf den Grund des Strudels gelangte, kam sie in der Ruhe an.

„Da haben wir sie ja wieder, unsere Meisterschülerin", sagte der Zwerg und ließ seine Feder am Hut wippen.

„Ich fange halt klein an, im Gegensatz zu dir", sagte Nina.

„Was willst du hier?" fragte der Zwerg. „Reicht es dir nicht mehr, nachts gegen Bäume zu laufen?"

„Du weißt genauso gut wie ich, was ich will", antwortete Nina. „Wir suchen Friedas kleines Mädchen, weil wir wissen wollen, was aus ihr geworden ist. Was machst du eigentlich hier auf meiner Seelenreise? Wenn ich mich recht erinnere, bist du doch gar nicht für mich zuständig, du Knirps."

„Für dich wäre wahrscheinlich die mißratene Seele eines Dobermanns zuständig", gab der Zwerg zurück. „Aber diesmal bin ich dir zugeteilt worden."

„Super", sagte Nina. „Reisebegleitung von Schneewittchens siebtem Zwerg habe ich mir immer gewünscht."

„Dann weißt du ja jetzt, daß Wünsche auch in Erfüllung gehen können", erwiderte der Zwerg.

„Weißt du auch, wohin wir gehen müssen?" fragte Nina.

„Ich habe nicht die geringste Ahnung", antwortete der Zwerg. „Ich bin nur die Erfindung deines Unterbewußtseins."

„Blödkopf", sagte Nina. „Einen Zwerg kann mein Unterbewußtsein gar nicht erfinden. Ich finde Zwerge absolut unter meinem Niveau."

„Hast du eine Ahnung", widersprach der Zwerg. „Wenn du mehr über dein Unterbewußtsein wüßtest, würdest du wissen, daß du im Grunde deines Herzens am liebsten festangestellter Zitherspieler im Münchner Hofbräuhaus wärst."

„Ha", schrie Nina. „Das ist mit Abstand die scheußlichste Existenz, die ich mir vorstellen kann."

„Eben", meinte der Zwerg. „Drum. Ihr Menschen verabscheut immer das am meisten, was ihr am liebsten wärt. Hab' ich irgendwo gelesen."

„Grauenhafte Vorstellung", sagte Nina. „Allein schon ein Mann zu sein. Da dreht sich mir der Magen um."

„Wäre dir eine Zwergin als Begleitung lieber gewesen?" erkundigte sich der Zwerg freundlich.

Nina sah ihn verdutzt an. „Ich dachte immer, ihr in der Anderswelt seid irgendwie geschlechtsneutral." Sie starrte auf seinen lächerlichen Hut mit der Riesenfeder. „Was hättest du denn als Zwergin getragen? Ein Dirndl?"

„Warum nicht?" sagte der Zwerg. „Wenn ich dich damit zum Gruseln gebracht hätte."

„Dann müßtest du aussehen wie Dame Edna."

„Ich werde nächstesmal dran denken", sagte der Zwerg.

Von ferne fühlte sie wieder die unendliche Verlassenheit von Friedas kleinem Mädchen und den Drang, diesem Gefühl zu folgen. Sie sank in eine Welt, die irgendwie grün und unheimlich war. Sie war an einem Punkt in der Welt angelangt, an dem es keine Geräusche und keine Gefühle gab. Es war ihr sehr fremd, und es war gefährlich. Ginge sie hier verloren, gäbe es keine Möglichkeit der Rückkehr in ihren Körper. Dies war der Ort, von dem alle Zerstörung, alle Selbstzerstörung ausging, die sich in Süchten oder Krankheiten ausdrückt. Es war nicht der Tod. Es war das Nichts. Sie wurde von diesem sonderbaren Grün umschlossen, und eine große Gleichgültigkeit erfaßte sie.

Sie hatte keine Ahnung, wieviel Zeit vergangen war, als sie spürte, daß eine Feder sie dort, wo ihr Kinn gewesen wäre, kitzelte.

„Du kannst hier nicht bleiben", rief der Zwerg. „Komm weiter. Friedas kleines Mädchen wartet auf dich."

Friedas kleines Mädchen war ihr ziemlich gleichgültig.

„Zeit der Feste und des Glücks. Tanzen, singen, essen, trinken, schöne Frauen, die dich lieben", sang der Zwerg.

Nina antwortete nicht. Sie lag in einem Gitterbettchen auf

der nackten Matratze und blickte ins Nichts. Sie fühlte nichts und hatte keine Tränen. Sie wartete in der Unendlichkeit darauf, zu verlöschen.

„Eines Tages kommt eine tapfere Amazone und holt dich", sagte der Zwerg. Seine Worte blieben ungehört.

Da legte er seine kleinen Hände auf ihr Kindergesicht, summte leise ein Lied von Frauen, die in der Ferne warten, und drang zart wie ein Hauch bis dorthin vor, wo Nina für einen winzigen Augenblick mit dem Leben verbunden war. Unter Mühen schaffte sie es, sich zu lösen und so weit von der verlorenen Kinderseele zu entfernen, daß sie vor dem Gitterbettchen stehen und das Kind betrachten konnte.

„Ich dachte schon, ich kriege dich da nie wieder heraus", sagte der Zwerg.

„Schau sie dir an", sagte Nina. „Das ist Friedas Baby. Oder vielmehr, das war Friedas Baby. Das arme Wurm."

„Hol sie da raus", sagte der Zwerg. „Ich habe es der Kleinen versprochen."

Nina nahm den Säugling auf den Arm.

Im selben Augenblick flog sie in atemberaubender Geschwindigkeit durch ein Zeitloch und landete wie Maria mit dem Kind auf der Flucht nach Ägypten in einem Stall. Allerdings war es ein Schweinestall, eindeutig überbelegt. Dicht an dicht drängten sich die Schweineleiber, und über allem lag der salzsäurescharfe Gestank von Ammoniak und eine Atmosphäre von Streß und Not.

„Ihr verdammten Schweine", schrie der Zwerg. „Hört auf, uns zu rufen. Wir haben anderes zu tun."

Er drehte sich entschuldigend zu Nina um. „Man muß es verstehen", sagte er. „Sie sind in großer Not, und wenn sie eine Möglichkeit finden, auf ihre Not aufmerksam zu machen, ergreifen sie sie."

„Das verstehe ich", sagte Nina und drückte Baby Edlinger an sich. „Komm, Kleine", flüsterte sie. „Führ uns dahin, wo du heute lebst." Sie klopfte dem Baby auf den Rücken, als hätte sie ihr Leben lang nichts anderes gemacht.

Der Schweinestall war verschwunden, und sie fand sich auf einer nächtlichen Straße wieder, die zu einer Stadt gehörte, die sie nicht kannte. *Jedenfalls ist es nicht Feldbach,* dachte sie. *Das spricht dagegen, daß Irmgard Raffertzeders Tochter in Wahrheit die Tochter von Frieda ist.* Sie sah ein Auto langsam die Straße entlangfahren. Vor einem Gasthaus hielt es an. Der Fahrer stieg aus und legte eine Tasche vor den Eingang. Dann stieg er wieder ein und fuhr weiter.

Plötzlich wußte sie es. „Er hat sie ausgesetzt, stimmt's?" sagte sie zum Zwerg. „Der Mistkerl hat das Kind einfach ausgesetzt wie einen Wurf überzähliger Katzen."

„Überzählige Katzen setzt man auch nicht einfach so aus", antwortete der Zwerg.

„Das ist doch jetzt nicht so wichtig", sagte Nina ungeduldig. „Hat er sie ausgesetzt?"

„Er hat sie ausgesetzt", bestätigte der Zwerg.

„Warum hast du mir das denn nicht gleich gesagt?"

„Weil ich es vorher auch nicht wußte. Ich kann dir immer nur bestätigen, ob das, was du denkst oder annimmst, wahr ist. Ich kann dir nichts vorhersagen oder dich auf etwas hinweisen, was du nicht weißt. So ist das eben mit dem Unterbewußtsein." Und nach einem Augenblick des Nachdenkens fügte er hinzu: „Oder mit der Anderswelt."

„Gut, gut, gut", sagte Nina. „Dann wird sie den üblichen Weg genommen haben. Polizei, Jugendamt, Waisenhaus. Fragt sich nur, wo wir sind."

Sie sahen ein weiteres Auto langsam, beinahe im Schritttempo die Straße entlangfahren und ebenfalls vor dem Gasthaus halten. Nach ein paar Minuten stieg eine Gestalt aus und lief zum Eingang. Sie nahm die Tasche auf und trug sie vorsichtig zum Auto. Sie legte die Tasche auf den Nebensitz, dann stieg sie wieder ein und fuhr mit hoher Geschwindigkeit davon.

„Das war Irmgard Raffertzeder", sagte Nina. „Also doch."

32

Ninas Körper erwärmte sich langsam. Sabine hatte zwar laufend Holz im Ofen nachgelegt, aber das war eine Wärme, die Nina in diesem Augenblick nicht half. Obwohl sie wieder im wachen Bewußtsein angekommen war, rührte sie sich nicht, sondern blieb mit schmerzverzerrtem Gesicht still liegen. Sie sprach auch nicht. Hätte sie es versucht, wäre ihr Kreislauf mit Sicherheit kollabiert. Sie sah um Jahrzehnte älter aus, und ihre Haut war grau.

Die Schwarze Witwe drehte sie auf den Bauch und begann mit einer intensiven Fußmassage. Nina ergab sich in das Empfinden dieser Berührung, die ihr wohltat.

„So, mein Engel", sagte die Witwe. „Jetzt werden wir dich vollends zu uns zurückholen. Du bist ein Körper. Kannst du das spüren?"

Nina schloß als Zeichen ihrer Zustimmung die Augen.

„Ist es nicht interessant, zu atmen?" fragte die Witwe.

Nina holte tief Luft.

„So ist es gut, mein Engel", sagte die Witwe. „Einfach weiteratmen. Das ist das ganze Geheimnis des Lebens."

„Grbnn", sagte Nina.

„Was denn, mein Engel?" fragte die Witwe.

„Grabstein", sagte Nina etwas deutlicher.

„Hast du den Grabstein meines Babys gefunden?" fragte Frieda angstvoll.

„Nnnn", sagte Nina und sammelte mit einem erneuten tiefen Atemzug Kräfte, um sprechen zu können. „Das wird auf dem Grabstein der Schwarzen Witwe stehen."

„Sie ist wirklich wieder da." Die Witwe grinste. „Göttin, bin ich froh. Du warst sehr lange und sehr weit fort."

Nina nickte.

Sabine reichte ihr von dem Tee, den sie schon die ganze Woche über getrunken hatten. Nina trank vorsichtig in kleinen Schlucken und sank dann auf das Lager zurück.

Die Schwarze Witwe griff nach einem Massageöl und begann, Ninas Rücken kräftig zu massieren.

„Rosmarin und Thymian", sagte sie. „Es riecht wie Möbelpolitur, aber es wird deinen Kreislauf in Schwung bringen."

Nach etwa einer Stunde war Nina imstande, den Frauen von ihren Erfahrungen auf der Seelenreise zu berichten. Die Erlebnisse mit dem Zwerg ließ sie allerdings aus, weil sie das Gefühl hatte, es könnte den Ereignissen ihren Ernst nehmen.

„Die Raffertzeder, also doch", sagte die Witwe. „Wir werden sie stellen müssen."

„Der Meinung bin ich auch", entgegnete Nina. „Aber laß es uns in Ruhe und mit einem genauen Plan angehen. Die Frage ist doch, was wir erreichen wollen."

„Es ist immer wichtig, daß eine Frau weiß, was sie will", sagte die Schwarze Witwe. „In diesem Fall wollen wir wissen, warum sie Friedas Baby aufgezogen hat und was sie mit dem Tod ihrer Schwester zu tun hat, denn ich gehe davon aus, daß es da Zusammenhänge gibt, die sich unserer Kenntnis noch entziehen."

„Fahren wir zu ihr oder bestellen wir sie hierher?" wollte Nina wissen.

„Besser wäre es, wenn wir sie zu Hause überraschen. Außerdem könnten wir dabei einen Blick auf Friedas Mädchen werfen."

„Also fahren wir", stellte Nina fest. „Da ist noch etwas."

„Ich höre", sagte die Witwe.

„Es geht um Schweine. Ich bin auf meiner Seelenreise von Hilfeschreien angezogen worden. Es waren Schweine, die auf engstem Raum in einem Stall leben mußten und in ihrer Not meine Seele eingefangen hatten."

„Waren es bestimmte Schweine oder Schweine ganz allgemein?" fragte die Witwe.

„Beides, denke ich", sagte Nina. „Es geht um etwas Grundsätzliches, aber es waren Schweine aus unserer Umgebung. Es klingt vielleicht seltsam, aber ich glaube, wir sollten uns darum kümmern."

„Denkst du an Buchners Schweine?" fragte die Witwe.

„Ich denke an Buchners Schweine", erwiderte Nina.

„Was können wir tun?"

„Wir holen das Inspektorat vom Aktiven Tierschutz und gehen mit denen in den Stall", schlug Nina vor. „Auf diese Weise können wir uns in aller Ruhe mal bei dem Buchner umsehen. Vielleicht finden wir etwas, das uns weiterhilft."

„Das machen wir", stimmte die Witwe zu. „Aber weiterhelfen kann uns zur Zeit wohl nur Irmgard Raffertzeder."

33

Tatjana Lang hatte mal wieder nicht gut geschlafen. Es waren die Wechseljahre. Fliegende Hitze, Schlaflosigkeit, all die Dinge, die ihrer Ansicht nach in diese Altersphase gehörten. Aber sie blieb tapfer und verzichtete auf Hormonpräparate, die sie von ihren Symptomen hätten befreien können. Auf ihrem Weg zu einer Anruferin, die auf die angeblich desolaten Verhältnisse bei einem Schweinegroßbauern aufmerksam gemacht hatte, kämpfte sie mit Müdigkeit und einem Gefühl von Verdruß, das sie manchmal überkam, wenn sie an die Endlosigkeit des Elends dachte, das ihr täglich begegnete. Neben ihr saß ihr Airdaleterrier, der vom Tierheiminsassen zu ihrem ständigen Begleiter und selbstbewußtem Tierinspektor avanciert war.

Nachdem sie zum viertenmal angehalten und nach dem Weg gefragt hatte, hatte sie endlich den kleinen Waldweg gefunden, der zum Anwesen der beiden Frauen führte. Sie parkte ihren Wagen nah beim Haus und begrüßte die vier Frauen und die Hündin, die sie erwarteten. Der Airdale entschwand mit Klara, um Hundeangelegenheiten zu besprechen, und Tatjana gab sich große Mühe, so zu tun, als sei Friedas Anblick für sie alltäglich und gar nichts Besonderes.

Nach dem Austausch der üblichen Floskeln, die der Überwindung von Fremdheitsbarrieren dienen, gingen alle ins Haus. Sabine servierte Tee, und Nina schilderte den Fall, allerdings unter Auslassung des Schweinenotrufs und der Umstände, unter denen sie ihn vernommen hatte.

„Haben Sie denn den Eindruck, daß die Tiere mißhandelt werden?" fragte Tatjana.

Nina schüttelte den Kopf. „Ich weiß nicht, was Sie unter Mißhandlung verstehen. Die Schweine stehen dicht an dicht auf Spaltböden und haben weder Gelegenheit, sich in Ruhe hinzulegen, noch Platz dazu. Sie stehen in ihren Fäkalien, und der Ammoniakgehalt der Luft ist so stark, daß ein Mensch kaum atmen kann."

„Für mich ist das Mißhandlung", sagte Tatjana. „Aber wahrscheinlich hält der Bauer die gesetzlichen Mindestbestimmungen ein. Seien Sie darauf gefaßt, daß wir nur wenig ausrichten können."

Nina nickte. „Lassen Sie es uns trotzdem versuchen."

„Na gut, dann los", sagte Tatjana und stand auf. Ihr Blick fiel auf die Schachtel Premarin, die noch auf dem Tisch lag.

„Nehmen Sie die etwa?" Sie sah die Schwarze Witwe fragend an.

„Nein", sagte die Witwe. „Warum fragen Sie?"

„Wissen Sie, was das ist?"

„Soviel ich weiß, ein Mittel gegen Wechselbeschwerden."

„Haben Sie eine Ahnung, mit welchen Tierquälereien dieses Mittel produziert wird?"

„Nein", sagte die Witwe erstaunt. „Erzählen Sie es mir."

Tatjana holte tief Luft. „Es wird aus dem Urin trächtiger Stuten gewonnen. Die Tiere stehen ihr ganzes Leben an kurzer Kette im Stall. Die meisten haben schwerste Gelenkschäden, weil sie ununterbrochen trächtig sein müssen und ihre Beine das schwere Gewicht kaum noch tragen können. Die Urinsäcke, die man ihnen umgehängt hat, scheuern so sehr, daß sie ständig Wunden haben, die nicht mehr zuheilen. Weil sich der Hormongehalt erhöht, wenn sie Wassermangel leiden, bekommen sie gerade nur soviel zu trinken, daß sie nicht verdursten. Wir haben Fotos vorliegen von den Stuten, wie sie an leeren Wassereimern lecken. Unvorstellbar, sage ich Ihnen. Die unzähligen Fohlen, die produziert werden, werden weitere Urinlieferantinnen, wenn sie weiblich sind, und wenn sie männlich sind, landen sie auf dem Schlachthof."

„Mir wird schlecht." Sabine wurde ganz blaß. „Mein Traum war immer, ein Pferd zu haben."

„Wer weiß, vielleicht erlaubt dir deine Mutter ja eines Tages, daß du ein Pferd haben darfst", sagte Tatjana und sah die Schwarze Witwe an. „Wenn ihr dann ein Pferd vom Aktiven Tierschutz nehmt, würden wir uns freuen. Bei uns gibt es viele Pferde, die auf einen guten Platz warten."

„Das ist nicht meine Mutter", sagte Sabine verlegen.

„Ich bin nicht die Mutter", sagte die Schwarze Witwe. „Aber ich bin für dich verantwortlich."

„Ich bin auch verantwortlich." Frieda blickte konzentriert vor ihre Füße. „Aber die Mutter bin ich auch nicht", sagte sie dann, und alle sahen ihr an, daß für Frieda damit etwas ganz Wichtiges ausgesprochen worden war. Es bedeutete, daß Frieda imstande war, eine für sie schwierige Tatsache und Situation auszuhalten, ohne daß die Grenzen in ihre anderen Wirklichkeiten sofort durchlässig wurden, durch die sie sich dann vor dem Schmerz zu retten versuchte.

„Kommen Sie", sagte die Witwe. „Bringen wir es hinter uns."

34

Die Wirklichkeit war noch viel schlimmer, als die Schwarze Witwe sich vorgestellt hatte. Als sie den Stall betraten, den schimpfenden und protestierenden Buchner-Bauern im Rücken, schlug ihnen ein derart scharfer Geruch entgegen, daß es ihr den Atem nahm. Ihre Augen begannen zu tränen, und sie glaubte ohnmächtig zu werden.

Die Tiere standen in unvorstellbarem Schmutz dicht an dicht beieinander. Ein in der Wand eingebauter Ventilator brachte ein wenig frische Luft, so daß sie nicht ersticken mußten. Die Schweine gerieten durch die Anwesenheit der Menschen in unkontrollierbare Unruhe, schrien und schlugen mit dem Rüssel. Sie versuchten sich Platz zu verschaffen. Für einige war die Aufregung zuviel. Sie brachen zusammen und fielen einfach um.

Nina liefen die Tränen über das Gesicht. Sie fühlte sich elend und wütend. Wäre der Buchner-Bauer in Reichweite gewesen, wäre sie wahrscheinlich auf ihn losgegangen.

Tatjana Lang ging wieder ins Freie und verlangte nach einigen tiefen Atemzügen an der frischen Luft die Lagerräume für das Futter zu sehen. Mürrisch zeigte Buchner auf eine Tür, die die Tierinspektorin öffnete. Sie sahen in einen aufgeräumten und sauberen Raum, in dem es nur nach Getreide roch. In ordentlich abgetrennten Boxen lagerte Mais und Korn, beides fein säuberlich gemahlen. In den Ecken des Raumes lag, bläulich gefärbt, Rattengift.

„Vorschriftsmäßig", sagte Tatjana Lang enttäuscht, sie hatte gehofft, hier etwas beanstanden zu können. „Lagern Sie hier irgendwelche Medikamente für die Tiere?" fragte sie den Buchner.

„Nur Vitamine", antwortete dieser.

„Kann ich sie sehen?" fragte die Inspektorin.

Buchner öffnete einen Schrank, in dem sich tatsächlich nur Vitaminpackungen fanden.

„Halt, was ist das?" fragte die Schwarze Witwe. Auf dem Boden des Schranks lag eine zusammengedrückte Schachtel, deren Aussehen ihr bekannt vorkam. Sie bückte sich und griff danach.

„Da schau her", sagte sie und wirkte auf einmal böse und gefährlich. „Das kenne ich doch. Das ist ja genau dasselbe wie die Schachtel, die wir bei..." Gerade noch rechtzeitig hielt sie inne. „Das ist doch ein Antibiotikum", hielt sie dem Buchner vor.

„Na und?" erwiderte der feindselig. „Ist das vielleicht verboten? Die Schweine hatten den Husten. Da hat der Tierarzt ihnen was gespritzt."

„Dieses Mittel?" fragte die Witwe lauernd.

Buchner nickte. „Ja. Was weiß denn ich, was das ist."

„Das ist ein Breitbandantibiotikum für Tiere, Herr Buchner", sagte die Witwe, während die Tierinspektorin aufmerksam beobachtete, was vor sich ging.

„Wo haben Sie das her?" Die Witwe hielt ihm die Schachtel unter die Nase.

„Hat der Doktor mitgebracht", antwortete Buchner. „Der bringt alle seine Mittel selber mit."

„Wenn der Doktor dieses Mittel mitgebracht hat, habe ich eine Menge Fragen an den Doktor", sagte die Witwe.

„Wieso?" wollte die Tierinspektorin wissen.

„Weil dieses Mittel aus dem ehemaligen Ostblock stammt", sagte die Schwarze Witwe. „Das gibt es bei uns nicht zu kaufen. Das darf nicht einmal importiert werden, weil es bei uns nicht zugelassen ist. Wir fragen uns natürlich, wie der Doktor an so ein Medikament kommt."

Buchner standen Schweißperlen auf Stirn und Oberlippe. Er schwieg, aber es war ihm anzusehen, daß er sich in Bedrängnis fühlte.

„Ja, Herr Buchner, das sieht schlecht für Sie aus", sagte die Schwarze Witwe.

„Ich kenn' mich da nicht aus", erklärte Buchner. „Ich hab' jetzt keine Zeit. Ich muß die verendeten Tiere aus dem Stall holen, sonst zertrampeln mir die anderen die noch. Das kriege ich ja nie wieder sauber. Das kostet mich ein Vermögen." Er rannte in den Stall.

„Das kostet uns ein Vermögen", schrie die Witwe hinter ihm her. „Sie werden mit unseren Steuergeldern belohnt, daß Sie schlecht mit den Tieren umgehen, Sie Ungeheuer."

„Was mich das kostet", hörten sie Buchner wütend im Stall herumbrüllen.

„Das ist erst der Anfang", sagte die Witwe fröhlich. „Sie werden sich noch wundern."

„Schau mal, was hier hängt." Nina zeigte auf die Seite des Schranks, an der ordentlich nebeneinander zwei schwarze Plastikstäbe hingen.

Die Schwarze Witwe und die Tierinspektorin kamen näher, um die beiden Stäbe zu begutachten. „Was ist das?" wollte die Witwe wissen.

Die Tierinspektorin wurde ganz aufgeregt. „Das ist doch nicht zu glauben. Jetzt gibt es eine Anzeige", rief sie.

„Was ist das?" beharrte die Schwarze.

„Das sind Schlagstöcke, die elektrische Schläge verursachen", erklärte Tatjana Lang. „Eigentlich gehören die zur Ausrüstung für polizeiliche Sondereinheiten. Wir wissen, daß viele Jäger damit arbeiten, wenn sie ihre Hunde abrichten. Sie verschaffen sich die Dinger über die Gendarmerie, aber das darf ich nicht laut sagen."

„Ich kotze gleich", sagte Nina.

„Contenance", mahnte die Schwarze Witwe.

„Dann kotze ich eben mit Contenance", sagte Nina.

„Warte, bis der Buchner wieder da ist. Dann kannst du dem auf die Schuhe kotzen."

„Mit Vergnügen", sagte Nina. „Ich hätte heute morgen mehr essen sollen, damit es sich richtig lohnt."

Die Tierinspektorin sah irritiert von einer zur anderen. „Ich nehme an, daß Buchner die Schlagstöcke einsetzt, um die Tiere in den Tiertransporter zu verfrachten. Klar gibt das eine Anzeige."

Sie nahm ein Heft aus ihrer Tasche und begann, Notizen zu machen. Nina und die Schwarze Witwe befanden sich in einem seltsam euphorischen Stimmungshoch. Es war beiden Frauen eine grimmige Genugtuung, den Buchner-Bauern bei einer Ungesetzlichkeit erwischt zu haben.

„Mit welcher Strafe kann er denn rechnen?" erkundigte sich Nina.

Tatjana Lang schnaubte verächtlich. „Leider nicht genug für unseren Geschmack. Er wird eine Geldstrafe bekommen, schätze ich, und klare Auflagen, die er erfüllen muß."

„Das steckt doch ein Großbauer wie der Buchner einfach weg", sagte die Witwe wütend. „Das zahlt der doch von der nächsten Subventionsrate, ohne mit der Wimper zu zucken."

„Was sollen wir machen?" fragte die Inspektorin. „Unsere Gesetzgebung zum Tierschutz ist mehr als lächerlich. Uns sind die Hände gebunden."

„Ich weiß", stimmte die Witwe zu. „Aber der Ärger, den wir ihm bereiten, ist auch nicht zu unterschätzen. Vielleicht finden wir ja noch etwas, das ihn in Rage bringt."

„Sollen wir ihn mal nach der verschwundenen Sabine fragen?" überlegte Nina.

„Keine schlechte Idee", meinte die Schwarze Witwe. „Damit könnten wir ihn vollends in die Enge treiben." Sie wandte sich an Tatjana Lang. „Hören Sie gut zu, Sie werden unsere Zeugin sein, wenn es Spitz auf Knopf geht."

Tatjana Lang hatte zwar keine Ahnung, worum es ging, aber sie nickte, auf alles gefaßt.

Sie marschierten zusammen zum Stall. Drinnen hörten sie den Buchner schnaufen und schimpfen.

„Schau lieber nicht hinein", sagte Nina. „Ich möchte nicht wissen, was er jetzt mit den Schweinen macht."

Sie hörten die Schweine in höchster Panik schreien.

„Herr Buchner", donnerte die Witwe mit ihrer lautesten Theaterstimme. „Kommen Sie sofort raus!"

Verdreckt und verschmiert erschien ein nach Schweinescheiße stinkender Buchner in der Tür. „Was wollt ihr denn noch?" schrie er.

„Wir haben die Schlagstöcke gefunden", sagte die Witwe böse grinsend.

Buchner wurde blaß. Mit offenem Mund stand er da.

„Das ist schon mal die erste Anzeige", sagte die Witwe. „Aber das ist Sache des Tierschutzes. Ich möchte jetzt gern wissen, wo sich Ihr Pflegekind, die Sabine, befindet."

„Die ist davongelaufen", sagte er. „Diese Asozialen wollen doch eh nix arbeiten."

„Nein, Herr Buchner." Die Schwarze Witwe sah in diesem Augenblick wirklich wie eine großes Spinnenweibchen aus, das sich daran macht, das dumme Männchen zu verspeisen. „Sabine ist in Ihre Obhut gegeben worden, damit Sie ein Ersatzvater für sie sind, nicht damit Sie eine billige Magd haben. Sie haben sie brutal geschlagen, weil sie Ihnen nicht genug gearbeitet hat."

„Die hat es gut gehabt bei mir", wehrte Buchner sich. „Aber diese Asozialen sind ja nie zufrieden."

„Nein, Herr Buchner, so war es nicht", sagte die Schwarze Witwe. „Sabine ist bei uns, sie wird Anzeige gegen Sie erstatten. Wegen Körperverletzung. Schwerer Körperverletzung. Das wird teuer. Da kommt ja nun so einiges zusammen."

Buchner griff sich ans Herz. „Ich habe mir nichts zuschulden kommen lassen", keuchte er. „Ihr könnt mir nichts nachweisen." Er schien kurz vor dem Herzinfarkt, wie Nina mit Befriedigung feststellte. Wäre er tot vor ihr zusammengesunken, sie hätte sich gefreut.

Sie sah über seine Schulter in den Stall und dachte an ihre Seelenreise. *Wir können nicht viel für euch tun,* dachte sie. *Aber wenigstens konnten wir euch zeigen, daß nicht alle Menschen so sind.*

Im Stall war es bis auf einige Grunzer ganz ruhig geworden. Nina schob den außer Gefecht gesetzten Buchner beiseite und ging in den Stall.

„Jetzt fliegt alles auf", sagte die Schwarze Witwe. „Wir wissen alles, Herr Buchner."

Buchner rang nach Luft.

„Walburga findet keine Ruhe in ihrem Grab", setzte die Witwe auf Verdacht nach und fand ihre Äußerung weder zu billig noch zu theatralisch. *Bei diesen Typen kann man gar nicht dick genug auftragen,* dachte sie. „Habt ihr geglaubt, daß ihr so einfach davonkommt?" Voller Abscheu musterte sie den fahl gewordenen Buchner und nahm dann die Tierinspektorin am Arm.

„Kommen Sie, Frau Lang", sagte sie. „Lassen Sie uns gehen. Ich kann sonst nicht garantieren, daß ich mich zurückhalte." Sie zog Tatjana Lang mit sich zu den Autos, mit denen sie gekommen waren.

„Der braucht einen Arzt", sagte die besorgt.

„Das kann schon sein", erwiderte die Schwarze Witwe mitleidlos. „Aber unglücklicherweise ist hier keiner. Oder sehen Sie einen? Soll er den Tierarzt rufen. Der kann ihm ja ein Antibiotikum spritzen."

Tatjana Lang starrte sie fassungslos an und murmelte etwas von unterlassener Hilfeleistung.

„Sie sind Tierinspektorin, Frau Lang", sagte die Witwe. „Mit Betonung auf Tier. Da können Sie gar nichts machen. Der ist ja kein Tier. Oder glauben Sie, daß ein Tier uns so etwas antun würde wie dieser Mann den Schweinen? Nein, nein, den überlassen Sie mal ruhig seinem Schicksal."

„Halt, wartet", hörten sie Nina rufen. „Wir wollen auch noch mit."

Nina stand in der Stalltür und hielt ein strampelndes und quiekendes Bündel im Arm. „Es ist ein Mädchen", sagte sie und kam näher.

„Nina", rief die Schwarze Witwe. „Bist du bei Trost? Du kannst doch das Schwein nicht mitnehmen. Was sollen wir denn damit machen?"

„Sicherlich nicht essen", sagte Nina. „Ich wollte schon immer ein Schwein haben. Sie sollen sehr intelligent sein."

„Nina, wir haben nicht mal einen richtigen Stall."

„Das macht nichts", sagte Nina. „Wir bauen ihr im Schuppen einen feinen Platz, und ansonsten kann sie frei herumlaufen." Sie drückte die kleine Sau fest an sich. „Nicht wahr, meine Kleine? Du lernst Gras fressen und Suhlen bauen. Das wird ein feines Schweineleben für dich. Wenn ich schon nicht alle Schweine retten kann, dann wenigstens eines."

Tatjana Lang lachte. „Schwein gehabt", rief sie. „Wenn Sie Hilfe brauchen – der Aktive Tierschutz steht Ihnen zur Seite. Aber Sie sollten dem Buchner Geld dafür geben, der ist imstande und zeigt Sie sonst wegen Diebstahls an."

Die Schwarze Witwe kramte in ihrer Tasche. Dann zog sie einen 500-Schilling-Schein heraus und stopfte ihn mit Grandezza dem Buchner in den Ausschnitt seines Blaumanns. „Da, mein Schätzchen, kauf dir was Hübsches", sagte sie sarkastisch. „Du bist es zwar nicht wert, aber wir wollen dir nichts schuldig bleiben."

35

Irmgard Raffertzeder goß gerade ihren Farn, als es an der Tür läutete. Sie erwartete niemanden und überlegte einen Augenblick, ob sie überhaupt öffnen sollte. Sie sah aus dem Fenster. Auf der Straße konnte sie nichts Beunruhigendes entdecken. Die beiden Buchhändlerinnen gegenüber sperrten gerade ihren Laden zu. Sonst war die Straße menschenleer. Sie ging zur Wohnungstür und lauschte. Es war nichts zu hören außer einem leisen Rascheln, wie wenn Papier zusammengeknüllt würde. Zögernd öffnete sie die Tür einen Spalt und sah auf einen Strauß bunter Astern.

„Hallo, Frau Raffertzeder", sagte Nina strahlend. „Wir haben hier ein paar Besorgungen gemacht, und da haben wir gedacht, wir schauen mal vorbei."

Irmgard Raffertzeder wußte nicht, ob sie ihrem ersten Impuls folgen und die Tür gleich wieder schließen sollte. Aber sie hatte ein Gefühl großer Müdigkeit – als wäre all ihre Kraft auf einmal verbraucht. Ihr war klar, daß nun der Zeitpunkt gekommen war, vor dem sie seit vielen Jahren Angst hatte. Und doch hatte sie ihn andererseits herbeigesehnt, auch wenn es ihr nicht so ganz bewußt gewesen war.

„Kommen Sie herein", sagte sie, trat einen Schritt zurück und öffnete weit die Tür. „Irgendwie habe ich mir schon gedacht, daß Sie kommen werden."

Die Schwarze Witwe und Nina betraten die kleine Wohnung und sahen sich um. Sie war ordentlich, sauber, gemütlich und überdekoriert mit einer Ansammlung von Nippes und Gegenständen, die für den Versuch standen, die vergänglichen Augenblicke besonderer Ereignisse auf ewig festzuhalten. In einer schmalen Vitrine standen verschiedene goldgeränderte, blumenbemalte Sammeltassen.

Verrückt, dachte die Schwarze Witwe und wurde ganz sentimental. *Sammeltassen habe ich zuletzt bei meiner Mutter und meinen Tanten gesehen. Daß es die noch immer gibt.*

Irmgard Raffertzeder nahm die Blumen und war froh, daß sie fürs erste damit beschäftigt war, eine Vase zu finden, sie mit Wasser zu füllen und die Blumen hineinzustellen.

„Sie kommen sicherlich nicht, um mit mir Konversation zu betreiben." In ihrer Stimme schwang Ergebenheit mit.

„Nein", sagte die Schwarze Witwe. „Ich nehme an, Sie wissen, warum wir hier sind."

Ein Schweigen stand im Raum. Irgendwo tickte eine Uhr.

„Wie sind Sie drauf gekommen?" fragte Irmgard.

„Es war nicht leicht", sagte Nina.

„Wie wir drauf gekommen sind?" fragte die Schwarze Witwe. „Daß Ihre Tochter Friedas kleines Mädchen ist? Das ist eine lange Geschichte."

„In all den Jahren hatte ich immer Angst, daß es einmal herauskommen könnte", sagte die Raffertzeder traurig. „Bitte glauben Sie mir, es waren schwere Jahre."

„Das glauben wir Ihnen", antwortete die Schwarze mitfühlend.

„Irgendwie bin ich froh, daß es vorbei ist", fuhr die Raffertzeder fort.

„Daß was vorbei ist?" wollte die Schwarze wissen.

„Das Versteckspiel", sagte die Raffertzeder. „Sie glauben nicht, was ich für Alpträume hatte in all den Jahren. Aber ich habe gut für das Kind gesorgt. Es hat ihr an nichts gefehlt."

„Woher wußten Sie, daß Hirschmann das Kind aussetzen würde?" fragte Nina.

„Ich wußte es nicht. Es war Zufall. Es war Weihnachten, und Wally rief mich an, um mir zu sagen, was Hirschmann getan hatte. Sie erzählte mir von dem Baby und wie niedlich die Kleine sei. Sie hat geweint am Telefon, weil sie das Kind so gern behalten hätte. In der Früh hatte er die Tasche mit dem Kind genommen und war aus dem Haus gegangen. Seither hatte sie ihn nicht mehr gesehen, hat sie gesagt. Sie wollte mich dazu bringen, zur Polizei zu gehen, weil sie sich nicht getraut hat. Aber ich hatte Angst. Wissen Sie, wir haben beide große Angst vor den Behörden. Das ist wahrscheinlich noch aus unserer Zeit in Rumänien übriggeblieben."

Sie suchte nach einem Taschentuch und schneuzte sich. Dann steckte sie das Taschentuch in den Ärmel und erzählte weiter. „Den ganzen Tag bin ich in der Wohnung auf und ab gegangen, weil ich nicht wußte, was ich tun sollte. Gegen Abend rief die Wally an und sagte, daß der Hirschmann noch immer nicht aufgetaucht sei. Sie hatte Angst, daß er das Kind umbringen würde. Da habe ich mich ins Auto gesetzt und mich auf die Suche gemacht. Ich mußte irgend etwas tun. Zumindest war es besser, als in der Wohnung zu sitzen und nichts tun zu können. Es war reiner Zufall, daß ich ihn gefunden habe."

„Zufälle gibt es nicht", sagte die Schwarze Witwe.

„Wahrscheinlich nicht", stimmte die Raffertzeder zu. „Jedenfalls fuhr ich ziellos durch die Gegend, und auf einmal sah ich seinen Wagen."

„Dann sind Sie ihm gefolgt und haben gesehen, wie er die Tasche mit dem Kind vor einem Gasthof abgelegt hat", sagte Nina. „Und dann haben das Kind genommen."

„Woher wissen Sie das?" fragte die Raffertzeder verblüfft.

„Intuition", sagte die Schwarze Witwe.

„Warum haben Sie es eigentlich in dem Café fertiggebracht, so zu tun, als hätte das Kind auch in einem rumänischen Kinderheim verschwunden sein können?" fragte Nina.

Irmgard Raffertzeder zog sich in sich zusammen. „Damit lagen Sie gar nicht so falsch", sagte sie. „Der Hirschmann ist ein paar Tage später hier aufgetaucht und wollte das Kind holen. Wally hat ihm natürlich alles gesagt. Sie hat nie den Mund halten können. Schon als wir kleine Kinder waren, hat sie immer alles verraten. Und vor dem Hirschmann hat sie halt Angst gehabt."

Die Schwarze Witwe spielte mit ihren schwarzen Handschuhen. Es lag ihr etwas auf den Lippen. Aber sie schwieg.

„Ich hatte das Kind kurz bei einer Nachbarin untergebracht, weil ich Windeln und Kinderkleidung besorgen mußte. Das war mein Glück, sonst hätte er das Kind mitgenommen. So hat er mir nur gedroht. Aber ich habe mich nicht beirren lassen. Ich habe zu ihm gesagt, wenn du mir das Kind nimmst, habe ich gesagt, dann zeige ich dich wegen Kindesentführung an. Ich habe nichts und niemanden zu verlieren. Außer der Wally und dem Kind habe ich niemanden mehr im Leben."

„Wie haben Sie die Existenz des Kindes erklärt?" fragte die Schwarze Witwe. „Sie hatten doch keine Papiere für sie."

„Ich bin zu den Behörden gegangen und habe gesagt, daß es meine Großnichte aus dem Banat ist. Sie haben es mir geglaubt. Sie haben mir auch geglaubt, daß das Kind in den Westen geschmuggelt worden ist. In Wahrheit wollte der Hirschmann es nach Rumänien verschleppen lassen. In dem

Gasthof hätten seine Gewährsmänner gesessen, hat er gesagt und daß sie schon das Geld kassiert hätten."

„Der Hirschmann hatte damals schon Kontakte nach Rumänien?" fragte die Schwarze Witwe überrascht.

Irmgard Raffertzeder nickte. „Wir haben die Verbindung in die Heimat nie ganz aufgegeben. Das Regime in Rumänien war schrecklich. Aber der Banat war unsere Heimat. Wir hatten Familie dort, um die wir uns Sorgen gemacht haben."

„Also hat der Hirschmann durch die Wally Verbindung nach Rumänien gehabt, bevor der Eiserne Vorhang gefallen ist", stellte Nina fest.

Irmgard nickte.

„Hat er Sie und das Kind denn in all den Jahren in Ruhe gelassen? Das kann ich mir kaum vorstellen."

„O ja, er hat", sagte die Raffertzeder. „Zuerst habe ich geglaubt, ich müßte fortziehen, damit das Kind in Sicherheit ist. Aber solange ich vermieden habe, nach Jagerberg zu kommen, hat er Ruhe gegeben. Wally wäre gern öfter zu mir gekommen, um das Kind zu sehen, aber er hat es ihr nicht erlaubt. So haben meine Schwester und ich uns in den vergangenen achtzehn Jahren kaum noch gesehen. Glauben Sie mir, das war ein hoher Preis, den wir beide gezahlt haben."

„Warum hat die Wally diesen Widerling nicht einfach verlassen und ist zu Ihnen gezogen?" fragte Nina.

„Das verstehen Sie nicht. Sie sind jung. In meiner Generation verlassen Frauen ihre Ehemänner nicht so einfach."

„Nein, das verstehe ich wirklich nicht." Nina sprang auf und ging nervös im Zimmer auf und ab. „Ich finde es vollkommen unverständlich. Merken Sie denn nicht, daß ein Hirschmann nur deshalb soviel Macht hat, weil eine Wally bei ihm bleibt? Weil sie mittut. Weil sie stillhält."

Irmgard Raffertzeder lächelte traurig. „Wir hätten damals eine wie Sie gebraucht", sagte sie. „Bitte vergessen Sie nicht, daß uns Ihre Gedanken vollkommen unbekannt waren. Wir kannten es nicht anders, als daß der Mann der Herrscher ist und wir tun müssen, was er von uns verlangt."

„Auch damals hat es wilde Weiber gegeben", wandte die Witwe ein. „Wenn es auch nur einzelne waren."

„Nicht in Feldbach", sagte Irmgard Raffertzeder.

„Auch in Feldbach", versicherte die Schwarze Witwe. „Aber sie werden abgewandert sein, weil sie die Enge nicht ausgehalten haben. Übriggeblieben sind die Braven, die Fügsamen wie Sie und die Wally."

„Halt", sagte Nina. „Sie war gar nicht so brav. Sie hat sich widersetzt. Sie hat Friedas Kind gerettet und dabei sogar ihr Leben riskiert. Denn der Hirschmann wäre imstande gewesen und hätte sie aus dem Weg geräumt."

„Stimmt", gab die Witwe zu. „Immerhin ist dem Kind ein Schicksal in Rumäniens Kinder-KZs erspart geblieben. Aber daß der Hirschmann sie aus dem Weg geräumt hätte, halte ich für unwahrscheinlich. Das Kind verschwinden zu lassen und die Mutter in die Psychiatrie zu bringen, damit ist er durchgekommen. Aber wenn er seine Schwägerin um die Ecke gebracht hätte, wäre er doch wohl ein bißchen zu weit gegangen. Dann hätte ihn auch keine Polizei mehr gedeckt."

„Da sei nicht so sicher, meine Liebe", sagte Nina. „Denk an den Jagdunfall vom Doktor, der den Totenschein für Friedas Baby ausgestellt hat, und an Wallys mysteriösen Tod."

Irmgard Raffertzeder schlug die Hände vors Gesicht.

„Was wissen Sie über den Tod Ihrer Schwester?" fragte die Schwarze Witwe eindringlich.

„Nichts", sagte Irmgard Raffertzeder. „Ich weiß nichts über Wallys Tod. Bitte glauben Sie mir."

Nina und die Schwarze Witwe sahen sich an – beide waren sich sicher, daß sie die Wahrheit sagte.

„Aber ich habe Angst, daß die Wally unseretwegen hat sterben müssen, wegen mir und dem Kind." Sie weinte.

„Das wird sich zeigen", sagte die Schwarze Witwe. „Noch sind wir nicht am Ende dieser merkwürdigen Geschichte."

Sie legte eine kleine geschnitzte polierte Baumwurzel auf den Tisch. „Dies schickt Frieda Ihrer Tochter. Das hat sie selbst gemacht. Wo ist Ihre Tochter überhaupt?"

„In Los Angeles", sagte die Raffertzeder. „Sie ist für ein Jahr nach Amerika und geht dort zur Schule. In sechs Monaten kommt sie wieder."

„Haben Sie wenigstens ein Foto von ihr?" fragte Nina. „Frieda würde sich darüber sehr freuen, glaube ich."

Irmgard Raffertzeder nickte und erhob sich. Sie öffnete eine Schublade und nahm ein Fotoalbum heraus. „Bitte geben Sie Frieda das", sagte sie und hielt der Schwarzen Witwe das dicke Album hin. „Da sind alle Bilder drin, die ich in den achtzehn Jahren von dem Kind gemacht habe."

36

Frieda nahm das Album entgegen wie eine Hostie. „Ich schaue später hinein", erklärte sie. Ihre Hände zitterten.

„In einem halben Jahr ist sie hier", sagte die Schwarze Witwe. „Dann wirst du sie wiedersehen, Frieda."

„Ist mir recht, daß es noch Zeit ist. Es geht mir zu schnell."

„Kann ich mir vorstellen", sagte Nina. „Wir haben auch noch einiges aufzuklären, bevor wir uns um die schönen Dinge im Leben kümmern können." Sie saß vor einem Blatt Papier, auf das sie das Wort *Countdown* geschrieben hatte.

Die Schwarze Witwe warf einen Blick darauf und lachte. „High noon in der Steiermark", sagte sie.

Nebenan klingelte das Telefon, und Nina ging hinaus.

Aus dem Badezimmer huschte Sabine, unter dem Arm trug sie zwei Wärmflaschen. Zielstrebig ging sie zur Haustür.

„Wo willst du denn hin?" fragte die Schwarze Witwe.

„Bin gleich wieder da." Sabine war schon verschwunden.

Frieda saß auf dem Sofa, das Fotoalbum auf den Knien. Sie schien in unverständlichen Wahrnehmungen versunken. Die Witwe hörte Nina nebenan am Telefon sprechen.

Sie streckte die Beine aus und reckte sich. *Was ich jetzt brauchen könnte, wäre eine Zeit der Ruhe. Lang im Bett bleiben, sämtliche Zeitungen lesen, die liegengeblieben sind, vielleicht einen guten Film im Fernsehen anschauen, das wär's jetzt,* dachte sie wehmütig. *Dazu Kartoffelchips oder noch besser Marzipanbrot. Am besten beides.*

Sabine war zurückgekehrt und verschwand unauffällig im Nebenzimmer. Die Witwe sah sie mit Kissen und einem Schlafsack zurückkehren und zielstrebig zur Haustür gehen.

„Kannst du mir mal sagen, was du treibst?"

„Nichts." Sabine war schon wieder verschwunden.

„Ein seltsames Kind", sinnierte die Schwarze Witwe, endgültig neugierig geworden. Sie überlegte, ob sie sich die Mühe machen sollte, aufzustehen, um nachzuschauen, und entschied sich, vorerst sitzenzubleiben.

„Sagt dir das Wort Enterococcus faecium etwas?" fragte Nina, die ihr Telefongespräch offenbar beendet hatte.

„Ich kenne nur Entrecote", sagte die Witwe. „Und so etwas essen wir nicht mehr, seit wir vegetarisch leben."

„Oder", Nina sah auf einen Zettel, „das Wort Staphylococcus aureus? Oder", sie sah noch einmal auf ihre Notizen, „Pseudomonas aeruginosa?"

„Seit wann kannst du Latein?"

„Seit Fidelsbergers Anruf eben", sagte Nina. „Auf der Intensivstation im Landeskrankenhaus Feldbach ist vorgestern ein Mann gestorben. Er hatte vor einigen Wochen einen Schlaganfall. Und bald darauf wurde er sterbenskrank. Eine Infektion, die sich nicht mit Antibiotika bekämpfen ließ. Ein Bauer aus der Umgebung. Bisher kerngesund. Hat nicht mal Alkohol getrunken, was ja nicht auf viele Bauern zutrifft. Aber übergewichtig. Starker Fleischesser. Bums. Aus."

„Kommt mir bekannt vor", sagte die Schwarze Witwe. „Weiß man, was er hatte, also woran er gestorben ist?"

„Er starb an einer Infektion mit", sie sah wieder auf ihren Zettel, „Enterococcus faecium."

„Was ist das?" fragte die Schwarze Witwe.

„Das ist ein Darmbakterium", erklärte Nina.

„Interessant", meinte die Schwarze Witwe. „Das muß ich mir für mein nächstes Essen mit Leopolter merken. Ob Walburga auch von dem Bakterium erwischt worden ist?"

„Mit Sicherheit", sagte Nina. „Hör zu, was Fidelsberger mir noch erzählt hat." Sie schnappte sich einen der Zimtsterne, die zusammen mit anderen Weihnachtskeksen in einer Schale lagen. „Seit geraumer Zeit machen sich vor allem die Ärzte in den Krankenhäusern Sorgen, weil immer mehr Patienten an Bakterien wie die, die ich eben aufgezählt habe, erkranken. Immer mehr dieser Bakterienstämme sind resistent gegen die Behandlung mit Antibiotika. Und nun sind, wie ja der Leopolter schon erzählt hat, auch Patienten darunter, die in ihrem Leben noch nie mit Antibiotika behandelt worden sind. Interessant, nicht?"

Die Schwarze Witwe nickte.

„Er sagt, daß sich Menschen im Krankenhaus infizieren und an der Infektion sterben, ist keine Seltenheit. Das käme viel häufiger vor, als allgemein bekannt ist."

„Deshalb heißen die Dinger ja auch Krankenhäuser und nicht Gesundenhäuser. Sollte ich jemals krank werden, werdet ihr mich an allen möglichen Plätzen in dieser Welt finden, aber nicht in einem Krankenhaus."

Sabine war zurückgekehrt und verschwand in der Küche.

Die Schwarze Witwe wollte etwas zu ihr sagen.

„Hör mir zu", sagte Nina. „Das ist jetzt wirklich wichtig. Laß die Kleine doch herumrennen, du alte Glucke."

„Ich höre ja zu", sagte die Schwarze Witwe und konzentrierte sich wieder.

„Also", fuhr Nina mit ihrem Vortrag fort. „Der Enterococcus ist gegen alle bekannten Antibiotika resistent. Gegen alle. Fidelsberger sagt, das käme einem Super-GAU gleich."

„Wieso?"

„Weil die Gefahr von Massenseuchen immens groß ist, und die Ärzte hätten kein Mittel mehr dagegen. Lungenentzündungen zum Beispiel wären wieder so lebensgefährlich wie früher, bevor das Penicillin gefunden wurde. Er hat sich im Max-von-Pettenkofer-Institut in München erkundigt. Die sagten, daß in den Pharmakonzernen eine ziemliche Hektik ausgebrochen ist und fieberhaft nach neuen Antibiotika gesucht wird. Aber das ist noch nicht alles."

„Was denn noch?" Die Schwarze Witwe folgte mit den Augen Sabine, die mit einem Tablett aus der Küche auftauchte und wieder zur Haustür marschierte. „Ich möchte wissen, wohin sie das ganze Zeug bringt. Hast du gesehen, was sie alles aus dem Haus geschleppt hat?"

„Das ist doch im Augenblick wirklich egal", meinte Nina. „Jetzt hör zu, bevor ich diese komplizierten Zusammenhänge wieder verliere."

„Ich höre ja zu", sagte die Schwarze Witwe ergeben und wäre viel lieber Sabine nachgegangen.

„Also. Paß auf. Bakterien sind eigentlich ganz normale und friedliche Bewohner des menschlichen Körpers, wie er sagte. Erst wenn der Organismus geschwächt ist, werden sie gefährlich. Das Immunsystem wird dann nicht mehr mit ihnen fertig. Ein geschwächtes Immunsystem haben aber in unseren Zeiten viele Menschen, sagt er. Zum Beispiel die, die unter chronischen Krankheiten leiden, oder Allergiker oder Menschen, die sich nur erkältet und Schnupfen haben. Jemand, der einen Schlaganfall erlitten hat, hat auf jeden Fall ein geschwächtes Immunsystem. Er sagt, es sei schon länger bekannt, daß Antibiotika wirkungslos werden, aber niemand kümmert sich darum, die Ärzte nicht und die Öffentlichkeit auch nicht. Er sagt, vielleicht müsse erst irgendein Prominenter daran sterben, damit die Leute aufwachen."

„Ja, gut, gut, unsere Walburga war aber nicht prominent, deshalb interessieren auch nur wir beide uns für ihren Tod. Und außerdem ist sie nicht an den Enterokokken gestorben."

„Aber beinahe", sagte Nina. „Und wenn du wissen willst, warum Walburga vorzeitig zu ihren Ahninnen geschickt worden ist, dann dürfte ein Umstand deine Aufmerksamkeit verdienen, den ich bisher noch nicht erwähnt habe."

„Ich lausche", sagte die Witwe. „Nun sprich doch."

„Die Wissenschaftler fragen sich natürlich, warum die Antibiotika nicht mehr greifen. Und dabei sind sie auf eine eigenartige Sache gestoßen. Sie fanden antibiotika-unbehandelte Patienten, die aber extreme Fleischesser waren. Und sie fanden sogenannte Masthilfen und Leistungsförderer in der Landwirtschaft. Das sind Antibiotika, die Kühe und Schweine zum Fressen kriegen oder die ihnen gespritzt werden. Menschen werden also durch Schnitzel und Steak mit Antibiotika versorgt und zwar in höchsten Dosen und sind dann immun gegen die ihnen vom Arzt verschriebenen Mittel, wenn sie plötzlich erkranken. Und es gibt viele Krankheiten, die diese kleinen Dinger, die ich da aufgezählt habe, auslösen können. Zum Beispiel", sie sah wieder auf ihren Zettel, „Zerstörung der Hornhaut des Auges, Hirnhautentzündungen, schwere Akne, eiternde Wunden, Abszesse, Entzündungen der Herzinnenhaut."

„Bah", sagte die Schwarze Witwe. „Widerlich. Hör auf!"

„Genau", sagte Nina. „Seit Jahren sind sogenannte Kreuzresistenzen mit Arzneimitteln für Menschen erwiesen, aber die Bauern machen weiter. Das hast du ja beim Buchner gesehen, worum es denen geht. Und die Pharmafirmen machen sowieso mit, denn die verdienen sich blöd daran."

„Aber das ist doch typisch für die Männerwirtschaft. Mit den Antibiotika für die Viecher läßt sich wahrscheinlich mehr verdienen als mit denen für Menschen. Also geht es halt weiter und wenn die Menschheit ausstirbt."

„Vielleicht auch nicht schade drum", sagte Nina. „Wenn ich sehe, worauf wir zusteuern mit solchen Machenschaften. In ein paar Jahren wird die Politik dem Druck nachgeben und einige Antibiotika verbieten, aber das wird nichts ändern. Dann gibt es andere Antibiotika, die den Tieren verfüttert und gespritzt werden. Oder es gibt Leute, die das Zeug auf dunklen Kanälen halt woanders her beschaffen."

Die Schwarze Witwe war verblüfft. „Was hast du da eben gesagt?" Sie vergaß auf der Stelle ihre Grübeleien über

Sabines Geschäftigkeit. „Mein Engel, ich glaube, es ist soweit, wir müssen uns den Hirschmann vorknöpfen", sagte sie nachdenklich.

„Gute Nacht", hörten sie Sabine rufen, bevor die Haustür ins Schloß fiel.

„Jetzt erklär mir, was dieses Mädchen eigentlich treibt", sagte die Witwe und stand auf.

„Sie schläft heute bei Lupita", antwortete Nina.

„Bei wem?" fragte die Schwarze konsterniert.

„Na, bei unserem Schweinemädchen", sagte Nina beiläufig. „Die Kleine ist es nicht gewöhnt, allein zu sein. Schweine sind Herdentiere. Rottentiere vielmehr. Außerdem ist es kalt im Schuppen. Sie hat ja keine anderen Schweine, die ihr Wärme geben."

„Das darf doch nicht wahr sein", rief die Schwarze. „Seid ihr denn völlig verrückt geworden?"

Nina lachte. „Klara ist auch bei ihr."

„Und ich wundere mich, wo die steckt." Die Schwarze schüttelte den Kopf. „Komm, laß uns nachschauen, ob sie es auch wirklich warmhaben und ob sie noch etwas brauchen."

„Ich wußte, du verstehst uns", sagte Nina.

37

Der Countdown lief. Bevor die Schwarze Witwe zum Telefon griff und Hirschmann anrief, brauchte sie einen ganzen Tag, um sich geistig und seelisch vorzubereiten. Sie aß Unmengen Kartoffelchips mit Marzipanbrot, um nicht wegen einer Banalität wie dem unerfüllten Gusto nach diesen Dingen wiedergeboren zu werden, für den Fall, daß Hirschmann sie umbringen sollte, hatte sie Nina erklärt.

„Du stopfst das nur in dich hinein, weil du nervös bist",

hatte Nina widersprochen. „Hinterher liegt das Zeug kiloweise auf deinen Hüften, und ich kann mir wieder das Gejammer über dein Übergewicht anhören."

„Daß ich mich in Gefahr begebe, scheint dich nicht besonders zu rühren", meinte die Witwe.

„Ich gehe mit", erklärte Nina. „Oder glaubst du, daß ich dich allein zu diesem Ungeheuer gehen lasse?"

„Warten wir erst mal ab, ob ich ihn überhaupt am Telefon erwische."

Sie saßen im Schuppen bei Lupita, die tief ins frische Stroh gebettet selig und entspannt schlief, während Sabine ihr den Bauch streichelte. Ab und zu ließ sie kleine Grunzer ab. Von einer Wand warf eine batteriebetriebene Lampe ein ziemlich trübes Licht.

„Laß dir ja nicht einfallen zu rauchen", sagte die Schwarze und blickte Sabine an. „Hier ist alles aus Holz, dazu das Stroh. Das steht in Nullkommanichts in Flammen."

„Ich rauche doch gar nicht." Sabine war beleidigt. „Lupita mag den Rauch nicht. Sie ist sehr geruchsempfindlich."

„Keine Sorge, ich habe auch die Feuergeister um Schutz gebeten", sagte Frieda. Sie saß inmitten ihrer Fetische, das Fotoalbum fest im Arm. Um das Schwein hatte sie einen Kreis aus Tannenzweigen gelegt, Federn und Steine verteilt und mit roter Farbe, die sie in Ninas Werkstatt gefunden hatte, Zeichen an die Holzwände gemalt.

„Sind wir soweit?" Die Schwarze Witwe sah alle an.

Die nickten und rückten ein wenig zusammen.

„Der Segen des schnurlosen Telefons", murmelte Nina.

„Also los", sagte die Witwe und wählte Hirschmanns Nummer. Während es, wie ihr schien, endlos läutete, hörte sie ihren Herzschlag, als ob jemand kräftig auf eine Blechtonne schlug. Für einen kurzen Moment stieg Panik in ihr hoch, und sie wünschte sich, es möge niemand abheben.

„Hirschmann", sagte eine sonore Stimme.

„Ich habe mit Ihnen zu reden." Die Witwe hatte sich wieder gefangen.

Am anderen Ende blieb es erwartungsvoll still.

„Es geht um den Tod Ihrer Frau, Herr Hirschmann", sagte die Witwe und lauerte auf irgendeine verräterische Reaktion.

„Was wollen Sie?" fragte Hirschmann knapp.

„Ich glaube, wir wissen, warum Ihre Frau sterben mußte, Herr Hirschmann", sagte die Witwe.

Wieder blieb es am anderen Ende still.

„Vielleicht möchten Sie mit mir darüber sprechen?" bot die Witwe an.

„Warum sollte ich?" fragte Hirschmann zurück.

„Aus geschäftlicher Klugheit", schlug die Witwe vor.

„Wie meinen Sie das?"

„Nun ja", erklärte die Schwarze Witwe. „Ich halte in meiner Hand zwei interessante kleine Schachteln. Die eine stammt aus Ihrem Haus und die andere aus dem Schweinestall Ihres Nachbarn, des Herrn Buchner. Den haben wir gestern besucht, wie Sie ja wahrscheinlich schon wissen."

„Was habe ich mit dem Buchner zu tun?"

„Herr Hirschmann, spielen Sie nicht den Ahnungslosen", sagte die Schwarze. „Diese Schachteln enthielten Antibiotika für Tiere. Interessanterweise solche, die bei uns nicht zugelassen sind. Wenn Sie nicht wollen, daß wir die Behörden einschalten, rate ich Ihnen, auszupacken."

„Warum schalten Sie nicht gleich die Behörden ein, wenn Sie sich so sicher sind?"

„Ach, wissen Sie, ich habe ein bewegendes Gespräch mit Frau Raffertzeder gehabt, und die ist auch der Meinung, daß wir erst die volle Aufklärung über den Tod Ihrer Frau haben möchten, bevor wir Sie einbuchten lassen."

Nina schob ihr einen Zettel unter die Nase. *Frieda sagt, wir sollen ihn in Buchners Schweinestall treffen.*

„Ich erwarte Sie heute abend gegen elf in Buchners Schweinestall. Seien Sie pünktlich, und kommen Sie allein."

Ohne Hirschmanns Reaktion abzuwarten, legte sie auf.

„Der glaubt jetzt bestimmt, wir wollten ihn erpressen", meinte Nina.

„Wie spät ist es?" fragte die Schwarze Witwe.

„Gerade mal neun", sagte Nina. „Warum?"

„Ich muß mein Diktiergerät suchen", sagte die Witwe. „Und auch sonst habe ich noch einiges vorzubereiten. Ich hoffe nur, daß wir frische Batterien im Haus haben."

38

Der neue Mond brach durch die Wolken. Seine schmale Sichel war wie ein Versprechen, daß alles gut werden würde. Es war eine dieser Nächte, die daran erinnern, daß das wahre Leben nur außerhalb der Asphaltdecke der Städte zu finden ist. Die Wolken, die am Tag noch nach Schnee ausgesehen hatten, waren aufgerissen und zogen in schnellem Tempo von Nordwest nach Südost über den weiten Himmel. Der Wald war von lauernder Aufmerksamkeit, als hätte die Dunkelheit tausend Augen.

Die Schwarze Witwe hatte sich in einen schweren schwarzen Mantel gehüllt, Nina steckte in ihrer üblichen Lederjacke. Frieda und Sabine hatten versprochen, auf Hund und Schwein aufzupassen.

„Und denkt daran, Holz im Ofen nachzulegen", mahnte die Schwarze.

„Soll ich euch nicht doch durch den Wald führen?" bot Frieda an.

„Nein, wir machen das allein", wehrte die Schwarze ab. Sie griff in ihre Manteltasche, um sich zu versichern, daß sie das Diktiergerät bei sich hatte.

Nina prüfte noch einmal, ob die Taschenlampe funktionierte.

„Vergeßt nicht, es sind die Rauhnächte", sagte Frieda. „Die schiache Percht ist unterwegs mit der wilden Jagd."

„Die schiache Percht bin ich selber", sagte die Schwarze Witwe. „Da gibt es ganz andere, die heute nacht auf der Hut sein müssen, daß die wilde Jagd sie nicht erwischt."

Nina leuchte zum Nachdruck ihr Gesicht von unten an. Sabine kicherte. Ohne weiteres Wort verschwanden die beiden Frauen in der Nacht.

Der Weg hinunter zum Buchner-Hof war um einiges leichter als bei Friedas Neumondausflug. Nina leuchtete mit der Taschenlampe, so daß sie ausreichend Sicht hatten.

„Warum wollte Frieda, daß wir ihn in Buchners Schweinestall stellen?" fragte sie. „Und wieso hast du dem zugestimmt, ohne zu fragen, warum?"

„Ich weiß es nicht", antwortete die Schwarze Witwe. „Mein Gefühl hat mir gesagt, daß Frieda gute Gründe haben wird. Gefragt habe ich nicht, weil ich Friedas gute Gründe sowieso nur selten nachvollziehen kann. Vielleicht will sie, daß die Schweine uns mit ihrer geistigen Kraft schützen oder so etwas. Und weiß die Teufelin, vielleicht funktioniert's."

Auf dem Buchner-Hof blieb alles still, als sie ankamen. Kein Hund schlug an, auch die Schweine waren ruhig. Und auch sonst war das Dorf in nächtliche Ruhe versunken.

„Im Schweinestall brennt Licht", sagte die Witwe.

„Im Schweinestall brennt immer Licht. Tag und Nacht. Dann wachsen die Schweine schneller, glaubt der Buchner. Jedenfalls hat Sabine mir das erzählt."

„Alles Wahnsinnige." Die Witwe schüttelte den Kopf.

Sie öffnete die Tür zum Schweinestall. Außer dem Summen des Ventilators und gelegentlichem Grunzen und Schnarchen war nichts zu hören. Die Tiere versuchten, so gut es ging, auf dem engen Raum zu liegen. Manche lagen halb in der Schräge gegeneinander gestützt, manche übereinander. Die Luft stank nach wie vor schneidend.

„Außer den Schweinen ist niemand da." Sie trat ein.

Nina schob sich hinter ihr in den Stall. Zu ihrem Erstaunen blieben die Schweine ruhig und schienen nicht zu erschrecken.

„Na, ihr Schweine?" sagte sie. „Ihr tut mir echt leid. Können wir kurz stören? Wir müssen hier jemanden treffen."

„Kommen Sie nur näher", sagte Josef Hirschmann. Er war aus einer kleinen Tür getreten, die beide Frauen bei ihrer Inspektion übersehen hatten. In der Hand trug er seine Pistole, allerdings hatte er sie nicht auf die Frauen gerichtet.

„Legen Sie die Waffe weg, sonst reden wir nicht mit Ihnen", sagte die Schwarze Witwe.

„Sie werden reden", entgegnete Josef Hirschmann. „Und zwar ohne daß ich die Waffe weglege."

„Na schön, dann eben nicht", sagte die Schwarze Witwe, denn sie wußte, wann es sinnlos war, zu argumentieren. „Aber Sie sollten darüber nachdenken, ob Sie nicht langsam aufgeben. Ihr Spiel ist aus. Die Zeiten sind vorbei, wo jemand wie Sie ungestört schalten und walten konnte. Sie haben einfach zuviel auf dem Kerbholz, Hirschmann."

„Hab' ich das?" fragte Hirschmann. „Dann kommt es auf eine Sache mehr oder weniger ja auch nicht mehr an."

„Hirschmann, das würde Ihnen nichts mehr nützen", sagte die Schwarze Witwe. „Wenn Sie uns etwas antun, glauben Sie doch wohl nicht im Ernst, daß Sie das mit Hilfe Ihres albernen Dorf-Sheriffs vertuschen können. Sie haben vielleicht Ihre Frau umbringen und damit rechnen können, daß es im Dorf nicht weiter auffällt, aber die Sache hat längst andere Dimensionen angenommen. Wally ist umsonst gestorben. Ihr Tod hat nicht verhindern können, daß Ihr lukratives Geschäft zusammenbrechen wird."

„Woher wissen Sie davon?" fragte Hirschmann.

„Weil unser Horizont ein wenig weiter reicht als nur bis zur Dorfkapelle", antwortete Nina.

„Ich glaube, Sie wissen nicht, womit Sie es zu tun haben."

„Kann sein", antwortete die Schwarze Witwe. „Aber das, was wir wissen, reicht aus, um Sie für den Rest Ihres Lebens hinter Gitter zu bringen."

„Das würden Sie nicht überleben", sagte Hirschmann. „Und seien Sie sicher, daß nicht ich Sie umbringen werde."

„Ach, der Buchner vielleicht?" höhnte Nina.

„Nein", sagte Hirschmann. „Meine Geschäftspartner. Ich habe das Geschäft seit 1989 aufgebaut. Es hat sich gelohnt, kann ich Ihnen sagen. Ich habe ein schönes Haus bauen und mir auch sonst einiges leisten können. Aber was glauben Sie, mit wem ich es zu tun hatte? Und mit wem Sie es zu tun bekommen, wenn Sie mich auffliegen lassen? Der Schmuggel von Antibiotika aus Rumänien ist ein Milliardengeschäft. Wenn Sie sich mit denen anlegen, sind Sie schneller auf dem Friedhof, als Sie glauben."

„Wer sind die denn?" erkundigte sich die Witwe.

„Ehemalige Sekuritate-Offiziere", sagte Hirschmann. „Die sind heute eine Mafia, die in großem Stil mit Medikamenten handelt, die hier und in Deutschland nicht zugelassen sind."

„Das klingt so unglaubwürdig, daß es wahrscheinlich wahr ist", sagte die Schwarze Witwe.

„Und ob das wahr ist", trumpfte Hirschmann auf. „Was glauben Sie, vom wem die gedeckt werden, denn die sind auch noch nicht die gefährlichsten in dem Geschäft."

„Na, wer denn, bibber, bibber?" fragte Nina.

„Dahinter stecken die großen Pharmakonzerne", sagte Hirschmann. „Was glauben Sie, wie Ceaucescu es schaffen konnte, daß Rumänien als einziges Land auf der Welt schuldenfrei ist? In den ganzen Jahren, die er regiert hat, durften die Konzerne beispielsweise in den Waisenhäusern ungestört und unkontrolliert ihre Produkte testen. Das hat er sich gut bezahlen lassen. Darum ist es auch heute noch so einfach, über Rumänien an Medikamente zu kommen. Vor allem an die, die von den westlichen Gesundheitsbehörden als zu unsicher oder zu gefährlich abgelehnt worden sind. Das sind gute alte Verbindungen, in Jahrzehnten gewachsen. So etwas entsteht und vergeht nicht von heute auf morgen."

„Und wie sind ausgerechnet Sie daran gekommen?" fragte die Schwarze Witwe.

„Meine Frau war von da."

„Das wissen wir", sagte die Schwarze Witwe.

„Sie hatte noch Familie da unten, und wir waren die ganzen Jahre immer in Kontakt, so gut es ging. Als der Kommunismus unterging, wollte meine Frau unbedingt noch einmal die alte Heimat sehen. Einer ihrer Cousins war hoher Sekuritate-Offizier gewesen. Der hat mich angeworben."

„Und so fingen Sie an, billige Antibiotika aus dem Osten zu schmuggeln und hier teuer zu verkaufen."

„Nicht teuer. Meine Ware kostet nur ein Viertel von dem, was man hier üblicherweise dafür hinlegt", sagte Hirschmann stolz. „Schauen Sie sich doch um. Tausend Schweine hat der Buchner einstehen. Es gibt nicht viele Bauern in unserem Bezirk, die so viele Viecher im Stall haben. Glauben Sie, der könnte sich das leisten, wenn er die üblichen Preise für die Mittel zahlen müßte? Nein, nein. Heutzutage muß ein Bauer sich was einfallen lassen, wenn er überleben will."

„Und was hat der Tierarzt damit zu tun?" fragte die Schwarze Witwe.

„Winterbauer hat das Zeug gespritzt. Der hat pro forma einen kleinen Teil teurer Medikamente gekauft, damit er dem Finanzamt was vorweisen kann. Ansonsten hat er meine Ware gespritzt. Der hat auch nicht schlecht dabei verdient."

„Und nebenbei ist er noch preiswert zu einer schönen Immobilie gekommen", sagte Nina.

„Das ist nicht meine Sache", knurrte Hirschmann. „Der Buchner hat ihm den Hof günstig verkauft, weil Winterbauer durch euch nervös geworden ist. Um ihn zu beruhigen und bei Laune zu halten. Eure Aktion mit dem Tannenzweig hat ihn fertiggemacht. Er wollte hinschmeißen und aussteigen."

„Ach, und wo Frieda bleibt, hat euch dabei natürlich nicht weiter interessiert", gab die Witwe zurück. „Hauptsache, Winterbauer wird bei Laune gehalten."

„Hier geht's ums Geschäft", gab Hirschmann zurück. „Nicht um Gefühlsduseleien und verrückte alte Weiber."

„Das verrückte alte Weib war einmal eine schöne junge Frau", sagte Nina. „Bevor Sie sie vergewaltigt und dann ihr Kind geraubt haben, hätte sie noch Chancen gehabt, ein einigermaßen normales Leben zu führen, in dem keine Psychiatrie vorkommt. Sie haben Friedas Leben zerstört."

„Alte Geschichten", schnappte Hirschmann. „Das interessiert doch keinen mehr. Wie will die denn heute beweisen, daß sie ihr Kind nicht umgebracht hat."

„Irmgard Raffertzeder wird bezeugen, daß sie Friedas Kind aufgezogen hat. Und der Vater des Kindes läßt sich durch einen Bluttest nachweisen", hielt ihm die Witwe vor. „Kindesentführung ist eine schwere Straftat."

Hirschmann lachte verächtlich, aber das Lachen klang angestrengt und verunsichert. „Ihr kriegt es mit der Sekuritate-Mafia zu tun, wenn ihr versucht, mich dranzukriegen."

„Wir wollen von Ihnen wenigstens hören, daß es Ihnen leid tut, was Sie Frieda und ihrem Kind angetan haben. Wenigstens das", sagte Nina.

„Leid tun?" schnaubte Hirschmann. „Wieso denn? Die hat doch auch ihren Spaß dabei gehabt. Wenn sie mir nicht gedroht hätte, hätte ich das Kind nicht fortbringen müssen. Hat eh Glück gehabt, das Bankert. Wenn es nach mir gegangen wäre, wäre es in einem rumänischen Waisenhaus verschwunden. So hat es es doch besser getroffen, als wenn es bei der Depperten geblieben wäre. Was wollt ihr denn, ich habe sogar Gutes getan."

„Warum hat Wally sterben müssen?" fragte die Witwe.

„Die depperte Kuh." Hirschmann lachte scheppernd. „Was mußte sie auch krank werden. Ich hab' nichts gegen sie gehabt. Sie war immer eine gute Frau, all die Jahre. Hat pünktlich mein Essen auf den Tisch gebracht, und sauber war sie auch. Aber als der Doktor gesagt hat, daß er ihren Fall untersuchen wollte, weil er glaubte, da stimmt was mit den Antibiotika nicht, da konnte ich sie nicht im Krankenhaus lassen. Und wie sie dann auch noch davon angefangen hat, daß alles nur davon kommt, daß wir den Tieren das Gewicht mit den Mitteln raufspritzen, da mußte ich sie zum Schweigen bringen. Den jungen Doktor hat sie anrufen wollen! Das Geschäft hätte sie mir kaputtgemacht. Alles, was ich aufgebaut habe, wäre den Bach runtergegangen. Am Ende wäre ich umgelegt worden. Die sind da nicht zimperlich. Wer weiß, sie wäre eh nicht mehr ganz gesund geworden. War schade drum, aber es hat sein müssen. Was wissen Sie schon davon? Sie kommen aus der Stadt und glauben, was Besseres zu sein. Sie haben ja keine Ahnung."

„Wir hatten keine Ahnung, Herr Hirschmann", sagte die Schwarze Witwe. „Aber jetzt haben wir eine."

Hirschmann lehnte sich mit dem Rücken gegen die kleine Mauer, die den Schweinekoben vom Gang trennte. Die rechte Hand, die die Pistole hielt, hing nach unten. Mit der Linken wischte er sich den Schweiß von der Stirn. Die Schweine waren still, als hörten sie zu.

„Wallys Tod hätte gar nichts verhindert, auch wenn wir Ihnen nicht draufgekommen wären", sagte die Schwarze Witwe. „In den nächsten Wochen werden die Zeitungen voll davon sein, daß die Schweinemäster die Menschen krank machen. Gerade jetzt ist im Spital in Feldbach noch so ein Fleischfresser an einer Infektion gestorben. Haben Sie wirklich geglaubt, daß die Wally ein Einzelfall war?"

Hirschmann zuckte mit den Schultern. Er setzte sich auf das Mäuerchen und legte die Pistole neben sich.

„Wer weiß, ob's stimmt.", sagte er. „Ihr könnt viel erzählen. Aber ich warne euch. Wenn ihr das an die große Glocke hängt, geht es euch schlecht. Wir kennen Mittel und Wege..."

Die Schwarze Witwe griff in ihre Manteltasche, weil sie sich nicht sicher war, ob die Bandkassette in ihrem Diktiergerät nicht schon zu Ende war. Daher bekam sie nur aus den Augenwinkeln mit, daß ein rostroter Blitz den Gang entlangflog. Sie hörte Hirschmann aufschreien und mit hocherhobenen Armen rückwärts in den Schweinekoben stürzen. Sie stand wie erstarrt und blickte fassungslos auf Frieda, die mit hängenden Armen einfach dastand und dem nicht mehr vorhandenen Hirschmann nachblickte. Auch Nina wagte sich nicht zu rühren. Die Schweine waren durch Hirschmanns Sturz aus ihrem Dämmerschlaf geschreckt und versuchten tobend und rasend ihrem Schrecken zu entkommen, indem sie sich in der Enge des Kobens gegeneinanderdrängten und übereinanderstiegen. Ein-, zweimal sahen sie Hirschmann auftauchen und wie ein Ertrinkender nach Halt suchen. Seine Schreie waren noch einige Minuten lang zu hören und übertönten sogar das Geschrei der rasenden Schweine. Dann schrien nur noch die Schweine.

Der Schwarzen Witwe war klar, daß sie nichts mehr tun konnte. Sie nahm das Diktiergerät aus der Tasche und stellte es ab. Dann nahm sie die Pistole, die noch immer auf dem Mäuerchen lag, vorsichtig an sich und wickelte sie in ein Taschentuch, bevor sie sie in die Mantteltasche schob.

Die Stalltür öffnete sich, und der Buchner-Bauer steckte erschrocken seinen verschlafenen Kopf herein.

„Rufen Sie die Gendarmerie, Buchner", sagte die Schwarze Witwe bestimmt. „Es hat einen Unfall gegeben. Am besten rufen Sie auch einen Arzt, obwohl der nichts mehr wird machen können."

Die Schweine hatten sich noch immer nicht beruhigt. Die Schwarze Witwe nahm Nina und Frieda beim Arm und schob beide nach draußen ins Freie. Im Dorf hörten sie die Hunde bellen. Der Buchner-Hof war hell erleuchtet, auch die Außenlampen brannten. Als Buchner ihnen anbot, im Haus zu warten, lehnten sie ab.

Erstaunt beobachtete die Schwarze Witwe, daß Frieda leicht zu frösteln schien. „Ist dir kalt, Frieda?"

„Ich weiß nicht, ich glaube, ich spüre etwas. Aber ich weiß nicht, was es ist."

„Bringen Sie eine Decke, Buchner", rief die Schwarze Witwe. „Ihre Stieftochter friert."

In der Tür des Buchner-Hauses erschien die Bäuerin mit einer Decke unter dem Arm. Sie ging vom Rheuma gekrümmt, die abgearbeiteten Hände waren von der Krankheit schief und verbogen. Es war ihr anzusehen, daß sie geweint hatte. Sie kam auf die Frauen zu und versuchte im Gehen, die Decke zu entfalten.

Nina ging ihr entgegen, nahm ihr die Decke ab und legte sie Frieda um die Schultern.

„Komm ins Haus, Kind", sagte die Buchner-Bäuerin zu Frieda. „Ihr könnt auch drinnen warten."

Frieda war hin und her gerissen. Sie war noch nie von ihrer Mutter ins Haus gebeten worden. „Und was wird der dazu sagen?" Sie wies mit dem Kopf zum Buchner-Bauern.

„Der hat nichts mehr zu sagen", erwiderte die Buchner-Bäuerin.

Frieda zögerte. Es arbeitete in ihr. Dann schüttelte sie den Kopf. „Ich bleibe lieber hier. Aber danke, Mutter."

Revierinspektor Keuch trug seine Uniform nicht ganz vorschriftsmäßig. In der Eile hatte er die Mütze vergessen, und seine Haare lagen auch nicht akkurat und wie gemeißelt als mittelblonder Belag auf seinem Schädel, sondern standen beinahe menschlich in verschiedene Richtungen.

„Was ist passiert?" Er nestelte an den Knöpfen seiner Uniform.

„Wir haben keine Ahnung", sagte die Schwarze Witwe und blickte so unschuldig drein, daß alle Engel im Himmel dagegen wie ausgemachte Schurken wirken mußten. „Wir standen alle im Schweinestall und plauderten mit dem Herrn Hirschmann, und plötzlich ist er hintenüber gefallen und in den Koben gestürzt. Die Schweine haben ihn dann totgetrampelt, nehme ich an."

Keuch riß Augen und Mund auf, rannte zum Stall und stürmte hinein. Als er nach einer Weile wieder zum Vorschein kam, hatte sein Gesicht eine grünliche Färbung angenommen. Sie sahen ihn eilig hinter dem Stall verschwinden. Kurz darauf waren Geräusche zu hören. Die drei Frauen schwiegen, und auch die Buchner-Bäuerin, die bei ihnen stehengeblieben war, sagte nichts.

Als Keuch wieder auftauchte, wischte er sich mit einem sauberen weißen Taschentuch über den Mund. Auf seiner Stirn standen Schweißperlen, die Haare standen noch verquerer als bei seiner Ankunft.

„Diesen Gendarmen nenne ich eine vertrauenswürdige Erscheinung", meinte Nina bissig und erntete dafür einen Rippenstoß von der Schwarzen.

„Was ist passiert?" keuchte Keuch noch einmal.

„Ich sagte es schon", wiederholte die Schwarze Witwe ihre Aussage. „Wir wissen es nicht. Wir haben gemütlich geplaudert, da muß der Hirschmann das Gleichgewicht verloren haben und ist rückwärts in die Schweine gestürzt. Er hatte sich auf das Mäuerchen gesetzt, wahrscheinlich, um uns Frauen zu imponieren."

„Was hatten Sie um diese Zeit im Schweinestall zu plaudern?" fragte Keuch mißtrauisch.

„Ach, dies und das", antwortete die Schwarze. „Sie wissen ja, der Hirschmann war ein Frauenheld. Er hatte meine junge Freundin eingeladen, sich mit ihm zu treffen, aber meine junge Freundin wollte ihn lieber nicht allein treffen, denn Hirschmanns Ruf ist nicht der allerbeste, wie Sie ja sicherlich wissen. Darum haben wir sie zu diesem Treffen begleitet."

„Ein Treffen im Schweinestall?" zweifelte Keuch.

„Was ist daran so ungewöhnlich?" meinte die Schwarze Witwe. „Da fühlte sich Hirschmann auf jeden Fall ungestört. Zu Hause wartet die Würzl auf ihn, und die hätte es sicherlich nicht gefreut, wenn sie erfahren hätte, daß Hirschmann schon wieder auf Freiersfüßen wandelt. Und ein Gasthaus wäre auch nicht in Frage gekommen. Da hätte ja jeder gesehen, mit wem er sich sehen läßt. Und dann hätte seine neue Verlobte ebenfalls davon erfahren."

Keuch war sich nicht sicher, ob ihn die Frauen veralberten, andererseits erschien ihm die Geschichte doch irgendwie plausibel. Zumindest das Treffen im Schweinestall fand er nicht ganz unwahrscheinlich.

„Kommen Sie morgen auf den Gendarmerieposten für den Bericht. Sie müssen unterschreiben", kommandierte er.

„Jawoll", sagte Nina und salutierte.

„Sie werden sich jetzt sicher um die sterblichen Überreste des Herrn Hirschmann kümmern müssen", meinte die Witwe. „Da möchten wir lieber nicht dabeisein. Sie wissen ja, Frauen haben schwache Nerven." Sie wandte sich mit Frieda und Nina zum Gehen.

Wieder wußte Keuch nicht, wie sie das gemeint hatte.

Im Gehen drehte sich die Schwarze Witwe noch einmal um. „Ach, Herr Keuch", sagte sie. „Was ich Sie fragen wollte. Was hat Ihnen Herr Hirschmann vor einigen Tagen auf der Straße unterhalb von meinem Hof übergeben?"

Über Keuchs wächserne Wangen breiteten sich häßliche rote Flecken.

„War es vielleicht Geld?" fragte die Schwarze Witwe.

Keuch sah mittlerweile einem an Land gezogenen Karpfen nicht unähnlich.

„Vielleicht sogar eine kleine Beteiligung am Medikamentenschmuggel aus Rumänien?" setzte die Witwe eins drauf.

Keuch riß am Knoten seiner Krawatte und rang nach Luft.

„Einfach weiteratmen, Herr Keuch", sagte die Schwarze Witwe. „Und Gute Nacht. Wir sehen uns morgen auf dem Gendarmerieposten. Wird sicher sehr interessant."

39

Sie saßen an diesem ungewöhnlich milden Februartag vor dem Haus auf der Bank und genossen die ersten wärmenden Sonnenstrahlen des Jahres. Lupita flitzte im Wettlauf mit Klara über die Wiese, ihr grünes Brustgeschirr stammte aus einem Geschäft für Haustierbedarf und war eigentlich für einen Pudel gedacht. *Es dauert nicht mehr lange, dann ist sie herausgewachsen,* dachte die Schwarze Witwe. *Bin gespannt, wie groß dieses Schwein einmal werden wird.*

„Wann kommt deine Tochter aus Amerika zurück, Frieda?" fragte Nina.

„In viereinhalb Monaten", antwortete Frieda und rieb ihre Füße aneinander, die in nagelneuen Tennisschuhen steckten. „Ich glaube, die Schuhe drücken", erklärte sie dann.

„Reine Gewöhnungssache", sagte Sabine. „Wie mit deinen Zähnen. Wenn du uns das nächstemal besuchst, findest du es schon viel normaler, Schuhe an den Füßen zu haben."

„Morgen werde ich es viel normaler finden", sagte Frieda. „Morgen komme ich euch besuchen."

„Hauptsache, du kommst nicht nachts und nicht unangemeldet", sagte die Witwe. „Mein Schlaf ist mir heilig, und der Gedanke, daß du durchs Haus geisterst, unangenehm."

„Erst im Sommer wird sie nachts zu uns kommen", meinte Nina. „Dann werden Frieda und ich viel im Wald unterwegs sein. Ich will lernen, nicht gegen Bäume zu laufen."

„Im Sommer hat deine Mutter dir vielleicht schon ein Pferd geschenkt", sagte Frieda zu Sabine.

„Ich bin nicht ihre Mutter, Frieda", sagte die Schwarze Witwe. „Ich habe die Vormundschaft für Sabine beantragt. Es ist noch nicht einmal sicher, ob ich sie überhaupt bekomme, aber wenn, dann bin ich nur ihre Pflegemutter. Und die Sache mit dem Pferd, die muß ich mir noch gründlich überlegen. Das nimmt ja kein Ende. Erst das Schwein und nun ein Pferd. Irgendwann will sie vielleicht einen Elefanten."

„Es gibt sicher irgendwo einen notleidenden Zirkus, der froh wäre, wenn einer seiner Elefanten einen guten Platz findet", meinte Nina.

„Untersteh dich, ihr Flöhe ins Ohr zu setzen", gab die Witwe zurück.

„Flöhe haben wir schon jetzt jede Menge", lachte Nina. „Tausende von Haustieren."

„Dagegen hilft nur ein Bad mit Flohseife", konterte die Witwe und grinste.

Frieda vergrößerte den Sicherheitsabstand ein wenig.

„Aber ein paar Ziegen wären ganz nett", sagte Nina mit einem Blick über die große Wiese. „Hat der Buchner eigentlich Konkurs angemeldet?"

„Soweit ich weiß, ist es auf einen Vergleich hinausgelaufen. Er gibt die Schweinehaltung auf und setzt sich zur Ruhe. Felder und Wiesen werden verkauft. Die Auflösung des sittenwidrigen Kaufvertrags für den Einödhof hat unsere Anwältin durchbekommen. Herr Dr. Winterbauer ist seine Immobilie jedenfalls wieder los, und wenn er sie noch mal kaufen will, muß er Friedas lebenslanges Wohnrecht akzeptieren und einen anständigen Preis zahlen."

„Fragt sich aber, ob der noch lange in unserer Gegend bleibt", überlegte Nina. „Vielleicht sollte er zwischenzeitlich in einer Entzugsklinik Aufenthalt nehmen."

„Auf Hirschmanns Grab stehen immer frische rote Rosen", sagte Sabine.

„Ach, du schaust dir Hirschmanns Grab an?" fragte Nina.

„Nicht ich, aber Frieda", sagte Sabine.

„Warum denn nur, Frieda?" fragte die Schwarze Witwe.

„Wahrscheinlich, um sicherzugehen, daß er auch wirklich tot ist", meinte Sabine.

Frieda schüttelte den Kopf. „Ich wollte ihn nicht töten", sagte sie. „Ich bin euch gefolgt, weil ich Angst um euch hatte. Ihr seid die einzigen Menschen, die mich liebhaben, und ich wollte nicht, daß Hirschmann euch etwas antut. Ich wußte schließlich, wozu der imstande war. Ich habe alles gehört, was er über mich und über seine Frau gesagt hat. Da bin ich so wütend geworden, daß ich ihn schlagen wollte. Darum bin ich auf ihn zugerannt."

„Fühlst du dich schuldig, Frieda?" fragte die Witwe.

Frieda nickte und senkte den Kopf.

„Gibt es einen Weg, wie du von dieser Schuld freikommst?"

Frieda nickte wieder. „Wenn ich meine Tochter wiedersehe und sie akzeptieren kann, daß ich ihre Mutter bin, dann bin ich frei. Das ist ein Gelübde, das habe ich abgelegt."

„Sie wird dich als Mutter akzeptieren", versprach ihr die Witwe. „Du mußt ihr nur Zeit lassen. Erwarte nicht, daß sie es sofort begreift. Du wirst Geduld mit ihr haben müssen."

„Ich habe Zeit", murmelte Frieda.

„Und wer, glaubt ihr, legt die roten Rosen auf Hirschmanns Grab?" wollte die Schwarze Witwe wissen.

„Wahrscheinlich die Würzl", lachte Nina. „Die trauert bestimmt um den Verlobten mit Haus und Geschirrspüler."

„Oder der Keuch", schlug Sabine vor. „Der trauert vielleicht um seinen Nebenerwerb."

„Der Keuch hat um seine Versetzung gebeten", sagte die Witwe. „Ich habe ihm am Morgen nach Hirschmanns Tod eine Kopie meines Mitschnitts vorgespielt, und da war er irgendwie gar nicht mehr so wild darauf, die Umstände, wie Hirschmann zu Tode gekommen ist, näher zu untersuchen. So wurde aus der ganzen Angelegenheit offiziell ein Unfall."

„Und Walburgas Tod bleibt ungesühnt?" fragte Sabine.

„Der Täter hat seine gerechte Strafe gefunden", sagte Nina. „Mehr können wir nicht erwarten. Um die rumänischen Pharmamafiosi zu erwischen, fehlen uns die Möglichkeiten. Aber ich denke, wir haben den Dorfsumpf trockengelegt. Das ist doch auch schon etwas."

„Die Würzl!" Die Witwe lachte. „Ich bin sicher, die findet bald einen Ersatz."

„Hat sie schon gefunden", sagte Nina. „Sie hat sich den Bürgermeister von St. Peter geschnappt, habe ich gehört."

„Hat die Raffertzeder schon einen Käufer für Hirschmanns Haus gefunden?" wollte die Schwarze noch wissen.

„Soweit ich weiß, gibt es einige Interessenten. Friedas Tochter wird eines Tages eine wohlhabende Frau sein, die sich den Einödhof vom Buchner dreimal leisten kann."

„Bist du noch immer einverstanden, daß sie offiziell Irmgard Raffertzeders Tochter bleibt?" wandte die Schwarze Witwe sich an Frieda.

Frieda holte tief Luft und nickte ernst. „Wie es geworden ist, ist es nun einmal. Ich habe alles, was ich brauche. Ich bin jetzt ein Glückskind."

„Schneewittchen, du bist wirklich eine weise Frau", sagte die Schwarze Witwe.

Offensive Krimis auf einen Blick

Angelika Alitit
Die Sau ruft

Nikki Baker
Goodbye für immer – Chicago Blues – Lady in Blau

Rose Beecham
Ihr Auftritt, Amanda – Zweimal darfst du raten – Fair Play

Kate Calloway
Erster Eindruck – Zweite Geige

Lauren Wright Douglas
Lavendelbucht – Die Wut der Mädchen
Jahrmarkt des Bösen – Herz der Tigerin

Kitty Fitzgerald
Die Frau gegenüber

Lisa Haddock
Falsche Korrektur – Finaler Schnitt

Ellen Hart
Dünnes Eis – Höflicher Beifall – Kleine Opfer
Lampenfieber – Tödliche Medizin – Winterlügen

Claire McNab
Geheimer Kreis – Marquis läßt grüßen – Bodyguard
Das Ende vom Lied – Ausradiert – Tod in Australien

Penny Mickelbury
Nachtgesänge – Schattenliebe

Karen Saum
Mord ist relativ – Panama Connection

Penny Sumner
Kreuzworträtsel – April, April

Pat Welch
Stille Wasser – Das Blut des Lammes
Ein anständiges Begräbnis

Verlag Frauenoffensive